THÉATRE COMPLET

DE

ALEX. DUMAS

XXI

LE VERROU DE LA REINE
L'INVITATION A LA VALSE — LES FORESTIERS

NOUVELLE ÉDITION

PARIS
MICHEL LÉVY FRÈRES, ÉDITEURS
RUE AUBER, 3, PLACE DE L'OPÉRA

LIBRAIRIE NOUVELLE
BOULEVARD DES ITALIENS, 15, AU COIN DE LA RUE DE GRAMMONT

1874

Droits de reproduction et de traduction réservés

LE VERROU DE LA REINE.

COMÉDIE EN TROIS ACTES

Gymnase-Dramatique. — 15 décembre 1856.

DISTRIBUTION

LE ROI.................................... MM.	ARMAND.
LE DUC DE RICHELIEU..................	DUPUIS.
LE GÉNÉRAL DE RUFFÉ.................	JULIAN.
DEVEAU.................................	FERVILLE.
OCTAVE D'ASPREMONT.................	LANDROL.
BACHELIER.............................	BLAISOT.
LE COMTE DE MAILLY..................	RICHARD.
LE DUC DE MELUN.....................	THÉOPHILE.
LE COMTE DE GRANDVEAU.............	BLONDEL.
BERTRAND..............................	NUMA FILS.
PICARD.................................	BORDIER.
COMTOIS...............................	LOUIS.
UN HUISSIER...........................	ISMAEL.
DIANE DE RUFFÉ................. Mmes	ROSE-CHÉRI.
LA MARÉCHALE DE BOUFFLERS........	CHÉRI-LESUEUR.
LA REINE..............................	R. BLOCH.
MADAME LA DUCHESSE.................	MÉLANIE.
MADEMOISELLE DE CHAROLAIS.........	DELPHINE MARQUET.
MADEMOISELLE DE CLERMONT.........	GRAVIÈRES.
LA COMTESSE DE MAILLY..............	RIMA.
MARTHE................................	CONSTANCE.

UNE TAILLEUSE, GENTILSHOMMES et DAMES DE LA COUR, PIQUEURS, VALETS, etc.

— En 1730. Le premier acte, a Satory; les deux autres, a Versailles. —

ACTE PREMIER

Dans la forêt de Satory. — La scène est partagée en deux : à droite, un pavillon avec une table toute dressée ; à gauche, la forêt.

SCÈNE PREMIÈRE

LE COMTE DE MAILLY, LE DUC DE MELUN, MADEMOISELLE DE CHAROLAIS.

De Mailly et de Melun entrent, apportant mademoiselle de Charolais

MADEMOISELLE DE CHAROLAIS.

Merci, monsieur de Melun! merci, monsieur de Mailly! Vous pouvez me déposer là sur le gazon : j'y serai presque aussi bien que si j'étais dans mon hôtel de la rue du Bac.

DE MAILLY.

Mais, grand Dieu! que ferez-vous là, princesse ?

MADEMOISELLE DE CHAROLAIS.

Mais ce que fait madame du Maine dans son parc de Sceaux : je rêverai... Une femme rêve toujours à quelqu'un ou à quelque chose, du moment qu'elle n'a pas quarante ans; et encore, si elle les a, elle rêve au passé.

DE MELUN.

Si Votre Altesse le permettait, je monterais à cheval et courrais jusqu'à Versailles...

DE MAILLY.

Mais non, Melun ; il serait plus simple que ce fût moi, et Son Altesse n'a qu'à dire un mot.

MADEMOISELLE DE CHAROLAIS.

Et pour quoi faire aller à Versailles ?...

DE MELUN.

Pour chercher un médecin, princesse.

MADEMOISELLE DE CHAROLAIS.

Bon! un médecin à propos d'une pauvre petite foulure!

DE MAILLY.

Votre Altesse appelle cela une petite foulure? Mais son pied enfle horriblement!

MADEMOISELLE DE CHAROLAIS, riant.

Vous trouvez, Mailly?

DE MELUN.

Mailly a raison, et je pars à l'instant même...

MADEMOISELLE DE CHAROLAIS.

Oh! monsieur de Melun, que dirait le roi, si vous quittiez la chasse?

DE MELUN.

Du moment qu'il saurait que c'est pour porter secours à sa belle cousine, mademoiselle de Charolais, le roi se déclarerai mon obligé.

MADEMOISELLE DE CHAROLAIS.

Et ma sœur Clermont, croyez-vous qu'elle se croirait la mienne?... Allons, allons, monsieur de Melun, rejoignez votre belle indolente; si distraite qu'elle soit, elle finirait peut-être par s'apercevoir de votre absence, et, alors, ce n'est pas pour mon pied qu'il faudrait un médecin, c'est pour mes yeux... Rejoignez, Melun, rejoignez!

DE MELUN.

Si Votre Altesse le veut absolument...

MADEMOISELLE DE CHAROLAIS.

Je vous en prie.

DE MAILLY.

Va, Melun, va! Je resterai avec la princesse... Tiens, on sonne justement la vue; tu ne te perdras pas.

(De Melun salue et sort.)

SCÈNE II

MADEMOISELLE DE CHAROLAIS, DE MAILLY.

MADEMOISELLE DE CHAROLAIS.

Que venez-vous de dire là, Mailly?

DE MAILLY.

A Melun?...

MADEMOISELLE DE CHAROLAIS.

Non, à moi.

DE MAILLY.

Vous ai-je dit autre chose, sinon que vous étiez la plus charmante princesse de la terre?

MADEMOISELLE DE CHAROLAIS.
Vous avez dit que vous alliez rester près de moi.
DE MAILLY.
Mais c'est en effet mon intention, princesse; et, à moins que vous ne me chassiez...
MADEMOISELLE DE CHAROLAIS.
Je vous chasse.
DE MAILLY.
Bon! vous me chassez?...
MADEMOISELLE DE CHAROLAIS.
Oui.
DE MAILLY.
Moi aussi?...
MADEMOISELLE DE CHAROLAIS.
Le *moi aussi* me semble un peut fat!
DE MAILLY.
Excusez, princesse, le mot m'est échappé.
MADEMOISELLE DE CHAROLAIS.
Eh bien, courez après, mon cher Mailly!
DE MAILLY.
Et pourquoi cela, belle dédaigneuse?...
MADEMOISELLE DE CHAROLAIS.
Mais tout simplement parce que je n'accepte pas la compagnie d'un si nouveau marié que vous êtes. Voilà un mois que vous avez épousé votre cousine mademoiselle de Nesle, et vous la laisseriez courre la chasse sans vous avec un roi de vingt ans?
DE MAILLY.
Voyons, soyez franche : vous voulez être seule?
MADEMOISELLE DE CHAROLAIS.
Non; seulement, je ne veux pas être avec vous.
DE MAILLY.
Je comprends; mais si le roi demande de vos nouvelles?
MADEMOISELLE DE CHAROLAIS.
Soyez tranquille, il n'y pensera pas.
DE MAILLY.
Mais à quoi pense-t-il donc, alors?
MADEMOISELLE DE CHAROLAIS.
Oh! je donnerais bien quelque chose à celui qui me le dirait... Allez, mon cher comte, allez... (On sonne le rembûché.)

Et, tenez, voilà justement l'hallali. Je vous dirai comme vous avez dit à Melun : vous saurez où retrouver la chasse.

(De Mailly sort.)

SCÈNE III

MADEMOISELLE DE CHAROLAIS, seule.

Bon! me voilà débarrassée de mes deux cavaliers servants... Midi... Il était temps qu'ils s'en allassent... Si M. de Richelieu est aussi exact à me venir trouver à la Muette que nous l'étions, mademoiselle de Valois et moi, à l'aller trouver à la Bastille, je n'aurai pas à me plaindre. Mais le moyen de croire à l'exactitude de M. de Richelieu, arrivé de l'armée ce matin! Cependant, ce petit billet dit bien midi... (Elle lit.) « Chère princesse, j'arrive des antipodes; j'apprends que vous êtes en chasse. Pouvez-vous perdre la bête vers midi et vous reposer aux environs de Satory? Quelqu'un qui vous y cherchera, espère vous y trouver. » Pas de nom; mais j'ai reconnu l'écriture. (Regardant à sa montre.) Midi cinq minutes... Mais qu'est-ce donc là-bas?... Non... Si... En vérité, je ne me trompe pas, c'est lui!... Ah! comme je serais fière, si j'avais la naïveté de croire que cette grande exactitude est à mon intention!

SCÈNE IV

LE DUC DE RICHELIEU, MADEMOISELLE DE CHAROLAIS.

MADEMOISELLE DE CHAROLAIS, tirant sa montre.

Duc, cinq minutes de retard seulement; je ne vous reconnais plus.

RICHELIEU, tirant la sienne.

Princesse, deux minutes d'avance; je me reconnais.

MADEMOISELLE DE CHAROLAIS.

Bon! voilà déjà nos montres en désaccord : la mienne avance et la vôtre retarde.

RICHELIEU.

Si cela était, il faudrait me pardonner, princesse : ma montre et moi, nous arrivons d'Allemagne, et nous marquons l'heure de Philipsbourg.

MADEMOISELLE DE CHAROLAIS.

De Philipsbourg?... Ah! pauvre duc!... Voyons que je vous regarde.

RICHELIEU.

Oh! ne faites pas cela, je vous en supplie! j'ai pris l'habitude, depuis un an, d'être regardé par des Allemands : cela, m'a donné un air gauche et provincial. Accordez-moi le temps de quitter l'air que j'ai; c'est au moins l'affaire de vingt-quatre heures, je vous en préviens.

MADEMOISELLE DE CHAROLAIS.

Vingt-quatre heures! Alors, duc, ce n'était point la peine que je me donnasse une entorse.

RICHELIEU.

Vous, une entorse!... Et pour quoi faire?...

MADEMOISELLE DE CHAROLAIS.

Comment, pour quoi faire?...

RICHELIEU.

Sans doute; vous avez trop d'esprit pour vous donner une entorse inutilement.

MADEMOISELLE DE CHAROLAIS.

Ne m'avez-vous pas demandé une demi-heure de tête-à-tête au pavillon de Satory? Le moyen de vous donner cette demi-heure sans quitter la chasse, et le moyen de quitter la chasse sans avoir une bonne raison?...

RICHELIEU.

Ah! ah!... De sorte que vous souffrez horriblement, princesse?

MADEMOISELLE DE CHAROLAIS.

Horriblement! c'est le mot.

RICHELIEU.

De quel pied?

MADEMOISELLE DE CHAROLAIS.

De celui que vous voudrez... Vous savez que je n'ai rien à vous refuser.

RICHELIEU.

Alors, permettez-moi de les baiser tous les deux, pour ne pas faire d'erreur.

(Il s'assied près d'elle.)

MADEMOISELLE DE CHAROLAIS.

Voyons, duc, pourquoi m'avez-vous donné ce rendez-vous?

RICHELIEU.

Mais pour vous voir avant aucune autre, et prendre auprès de vous l'air de la cour.

MADEMOISELLE DE CHAROLAIS.

Bon! je suis devenue pour vous ce qu'était la pauvre marquise de Prie avant sa mort : la gazette du jour... Eh bien, mon cher duc, mon premier numéro ne sera pas long, et je vais vous le réciter tout d'un trait... Le cardinal gouverne, la reine prie, le roi chasse, le peuple paye, le surintendant des finances ne paye pas, et tout le monde bâille. Voilà l'état des choses; aussi, j'eusse pu vous dire tout à l'heure, à votre arrivée, comme Dymas au compagnon d'Hercule :

> Philoctète, est-ce vous?... Quel coup affreux du sort
> Dans ces lieux empestés vous fait chercher la mort?

RICHELIEU.

Quoi! princesse, la situation est-elle si grave, que vous me parliez en vers... et en grands vers même?

MADEMOISELLE DE CHAROLAIS.

Ah! duc, pour de semblables tristesses, l'alexandrin n'est même pas assez long.

RICHELIEU.

Mais on s'ennuie donc furieusement à la cour?...

MADEMOISELLE DE CHAROLAIS.

Voyez, j'en suis devenue grasse.

RICHELIEU.

C'est, ma foi, vrai, et Votre Altesse n'aurait pas un meilleur visage quand elle sortirait d'un monastère.

MADEMOISELLE DE CHAROLAIS.

Duc, il y a des monastères qui sont des endroits folâtres en comparaison de la France de 1730.

RICHELIEU.

Mais... cependant, le roi...

MADEMOISELLE DE CHAROLAIS.

Eh bien, le roi?...

RICHELIEU.

Comment! il ne vous distrait pas un peu?...

MADEMOISELLE DE CHAROLAIS.

Qu'entendez-vous par là?

RICHELIEU.

J'avais cru que, lassé des vertus de sa femme, qu'il néglige ouvertement, dit-on, il s'était montré sensible...

MADEMOISELLE DE CHAROLAIS.

A quoi? Voyons, dites à quoi!

RICHELIEU.

Mais, princesse, on dirait, d'honneur, que je vous parle allemand.

MADEMOISELLE DE CHAROLAIS.

La vérité est que vous ne vous faites pas comprendre... Voyons, expliquez-vous naïvement, franchement, sans méandres.

RICHELIEU.

Soit!... Eh bien Louis XV n'est donc plus le petit-fils de son grand-père Louis XIV? il n'y a donc plus, à la cour de France, ni dame de Fontenac, ni comtesse de Châtillon, ni demoiselle d'Argencourt, ni Olympe de Mancini, ni la Vallière, ni personne enfin?

MADEMOISELLE DE CHAROLAIS.

Pardonnez-moi, mon cher duc; mais...

RICHELIEU.

Mais?

MADEMOISELLE DE CHAROLAIS.

Le roi n'a pas d'yeux; le roi est sourd...

RICHELIEU.

Le roi est muet, peut-être?... Oh! mais c'est scandaleux! Où allons-nous, princesse?... L'ambassade de Chine est-elle vacante?... Je la demande!

MADEMOISELLE DE CHAROLAIS.

Ah! duc, que Versailles est changé depuis que vous n'y êtes plus!

RICHELIEU.

Dame, c'est limpide, cela!... le roi sage, il en résulte, à la cour, un trop plein de vertu qui déborde dans la rue et qui submerge le peuple.

MADEMOISELLE DE CHAROLAIS.

C'est une inondation, duc!

RICHELIEU, se levant.

Alors, ma foi, sauve qui peut!

MADEMOISELLE DE CHAROLAIS, le retenant.

Ah! si, vous aussi, vous vous mettez à la nage, nous sommes tous perdus, mon cher duc!

RICHELIEU.

Et comment voulez-vous que je tienne tête à un pareil torrent de morale? que puis-je, moi chétif, contre un roi de France, jeune, aimable, beau, qui a le malheur, à vingt ans, d'être aveugle, sourd et muet... et, bien pis que tout cela, fidèle à sa femme? à moins, toutefois, que cette fidélité ne soit le résultat de l'inexpérience, cette froideur celui de la timidité; à moins cependant qu'un amour secret, un premier amour, un... Eh bien, non, princesse, je ne fuirai pas le danger; je m'y exposerai, je me sacrifierai, je ferai cesser le scandale!...

MADEMOISELLE DE CHAROLAIS.

Vous dites, duc?...

RICHELIEU.

Je dis qu'avant vingt-quatre heures, la cour aura repris sa gaieté, ou j'y perdrai...

MADEMOISELLE DE CHAROLAIS.

Votre latin, duc? Vous ne risquez pas grand' chose, il me semble...

RICHELIEU.

Non; mais mon nom de Richelieu...

MADEMOISELLE DE CHAROLAIS.

A la bonne heure! je vous retrouve.

RICHELIEU.

Quelqu'un!... Il est inutile que l'on vous voie ici, princesse. Profitez de ce que vous avez une entorse pour vous servir de vos ailes, à défaut de vos pieds.

(Mademoiselle de Charolais sort en riant.)

SCÈNE V

RICHELIEU, BACHELIER.

BACHELIER, il sort du pavillon en parlant à la cantonade.

Le roi ne soupera que fort tard; il est donc inutile de vous hâter.

RICHELIEU, à part.

C'est la voix de Bachelier.. Peste! en l'état où nous sommes,

c'est quelque chose que d'avoir l'occasion de causer avec le valet de chambre du roi, d'être admis dans sa familiarité... (Haut.) N'est-ce pas, mon cher Bachelier?
BACHELIER.
Que Dieu me pardonne, mais c'est M. le duc!
RICHELIEU.
Comment, comment, Bachelier!... Parole d'honneur, vous me reconnaissez encore?...
BACHELIER.
M. le duc n'est pas de ceux qu'on oublie... Est-ce que M. le duc a déjà vu le roi?...
RICHELIEU.
Non, mon ami, non.
BACHELIER.
Mais M. le duc vient ici pour le voir?
RICHELIEU.
Pour vous voir, vous, d'abord, Bachelier.
BACHELIER.
Moi, d'abord?
RICHELIEU.
Oui, vous; le roi ensuite. A tout seigneur, tout honneur, mon cher Bachelier!
BACHELIER.
M. le duc me permettra de me montrer confus d'un honneur dont je suis si peu digne.
RICHELIEU.
Bachelier, mon ami, vous êtes trop modeste, et vous ne vous prisez point ce que vous valez. L'homme qui habille le roi tous les matins, qui le déshabille tous les soirs, qui lui parle en le poudrant, qui lui passe son cordon bleu, qui lui boucle ses jarretières, c'est un homme qui a son importance dans l'État, Bachelier, et, si cet homme joint, à une certaine perspicacité personnelle, de la bonne volonté pour ses amis, comme vous le faites, vous, c'est, par ma foi, un homme qui mérite toute considération, et que l'on ne saurait voir ni trop souvent, ni trop tôt.
BACHELIER.
M. le duc n'ignore pas que je mets ma gloire à me considérer comme son plus dévoué serviteur.
RICHELIEU.
Oui, oui, je sais que nous nous aimons de longue main...

Ah çà! voyons, mon pauvre Bachelier, c'est donc vrai, ce que l'on m'a dit?

BACHELIER.

De qui, monsieur le duc?

RICHELIEU.

Mais du roi, de son indifférence, de sa réserve, de sa froideur.

BACHELIER.

Hélas! monsieur le duc, rien n'est plus vrai.

RICHELIEU.

Comment! pas d'autre distraction que la chasse?

BACHELIER.

Pas d'autre.

RICHELIEU.

Pas d'autre?

BACHELIER.

C'est comme j'ai l'honneur de vous le dire...

RICHELIEU.

Si j'avais pu conserver là-dessus quelque doute, mon cher Bachelier, il ne m'en resterait plus en voyant votre air pénétré; vous venez de me dire cela avec l'accent...

BACHELIER.

Du désespoir, monsieur le duc.

RICHELIEU.

Et...

BACHELIER.

Quoi, monseigneur?

RICHELIEU.

Pas de conjectures, de votre part, sur ce qui se passe en lui? pas le moindre renseignement, pas le plus petit indice, pas le plus léger fil qui puisse nous guider dans ce dédale?... Hein?... Non?... Rien?... Vrai?

BACHELIER.

Rien absolument, monsieur le duc! c'est à peine si, de temps à autre, je surprends un soupir...

RICHELIEU.

Ah! il soupire?... C'est un symptôme, Bachelier. Et pourquoi soupire-t-il?... je veux dire pour qui?

BACHELIER.

Oh! pour personne, monsieur le duc, pour personne assurément. Et voilà le malheur! Ou bien, si c'est pour quelqu'un, pour une femme, le voile qui la couvre est si épais, que, jusqu'à présent, il est resté pour moi impénétrable... Ah! monsieur le duc, que les gens timides sont de singulières gens! Avez-vous jamais été timide, vous?

RICHELIEU.

Jamais!... Mais, voyons, Bachelier, voyons, c'est quelque chose cependant que ces soupirs.

BACHELIER.

C'est un signe d'ennui, monsieur le duc, et voilà tout.

RICHELIEU.

Peste! vous trouvez que cela n'est rien? Bachelier, mon ami, vous êtes par trop difficile. Je croyais la partie bien plus mauvaise; nous avons du jeu... Voyons, puisque nous voilà sur une trace, suivons-la.

BACHELIER.

Je ne demande pas mieux, monsieur le duc.

RICHELIEU.

Il y a deux sortes d'ennuis, Bachelier : un, inguérissable, pour lequel on recherche la société; l'autre, dans lequel on recherche la solitude.

BACHELIER.

Monsieur le duc, l'ennui du roi est de ces ennuis qui recherchent la solitude. Souvent, quand on le croit le plus acharné à la poursuite de la bête, il quitte la chasse, pour venir se promener à pied, par ici, du côté de la route de Versailles.

RICHELIEU.

Seul?

BACHELIER.

Seul.

RICHELIEU.

Et dans la même direction toujours?

BACHELIER.

Oui, à peu près.

RICHELIEU.

Eh bien, mais je vous dis que voilà les as qui rentrent, Bachelier. Et qui rencontre-t-il le plus ordinairement sur cette route, ou dans ces allées?

BACHELIER.

Quelques rares carrosses, dont il évite le plus souvent d'être aperçu; madame la marquise de Grosbois quand elle revient de sa terre.

RICHELIEU.

Quarante ans... Passons.

BACHELIER.

Madame la comtesse de Vervins, quand elle va à Port-Royal.

RICHELIEU.

Quarante-cinq ans... Passons.

BACHELIER.

Madame la maréchale de Boufflers.

RICHELIEU.

Cinquante ans, Bachelier... Passons, passons! Vous n'y songez pas, mon ami! vous me mèneriez ainsi, de lustre en lustre, jusqu'à un siècle !

BACHELIER.

Hélas! voilà à peu près tout, monsieur le duc.

RICHELIEU.

Tout ?

BACHELIER.

Oh ! mon Dieu, oui.

RICHELIEU.

Récapitulons.

BACHELIER.

La marquise de Grosbois, la comtesse de Vervins, la maréchale de Boufflers?

RICHELIEU.

Diantre! voilà le jeu qui m'échappe!

BACHELIER.

Et...

RICHELIEU.

Et qui?... Vite, Bachelier ! je me noie.

BACHELIER.

Et sa filleule, mademoiselle de Ruffé.

RICHELIEU.

Hein! comment dis-tu cela, Bachelier?

BACHELIER.

Je dis : et sa filleule, mademoiselle de Ruffé.

RICHELIEU.

Diane de Ruffé? la sœur du général de Ruffé qui est exilé?

BACHELIER.

C'est cela.

RICHELIEU.

L'amie intime de Marie Lecziuska, aujourd'hui la reine?

BACHELIER.

Justement.

RICHELIEU.

Diane de Ruffé! dix-huit ans, une blonde adorable, des cheveux comme une gerbe d'épis, une taille de nymphe, une figure d'ange!... Allons donc, Bachelier, mon ami! Tu vois, j'abats mes cartes: quinte et quatorze. Il ne nous manque plus que le point pour avoir gagné.

BACHELIER.

Vous croyez?... M. le duc supposerait?...

RICHELIEU.

Je ne suppose rien, je ne sais rien; mais je dis, Bachelier, que l'homme qui se noie s'accroche à tout, ne fût-ce qu'à une nièce ou à une filleule; je dis que je me cramponne à mademoiselle de Ruffé et que je m'y tiens ferme comme à la seule branche de salut que je puisse saisir dans cet épouvantable désàstre... Ah! madame la maréchale de Boufflers se promène quelquefois du côté de Satory! ah! le roi quitte la chasse pour se diriger, à pied, solitairement, vers les allées que suit la maréchale? Je vous dis que cela s'appelle un beau jeu, Bachelier, et qu'un jeune homme de vingt ans, fût-il aussi chaste que Scipion, aussi sauvage qu'Ogier le Danois; fût-il amoureux de sa femme... vous le voyez, Bachelier, je suppose les cas les plus extrêmes!... ne saurait résister longtemps aux charmes de deux beaux yeux qui rayonnent tous les jours devant lui.

BACHELIER.

Vous croyez?...

RICHELIEU.

Je crois qu'un roi de vingt ans, du nom de Bourbon, assis sur le premier trône du monde, ne connaît point de chagrin qui puisse monter jusqu'à lui, et, s'il soupire, ne soupire que d'amour. Je soutiens que, s'il n'a pas remarqué mademoiselle de Ruffé, il la remarquera; que, s'il n'aime pas encore, il aimera; ou le cœur n'est plus le cœur, le printemps n'est plus le printemps, la jeunesse n'est plus l'amour!

BACHELIER.

Le roi est si timide!

RICHELIEU.

Si le roi est trop timide pour se déclarer à la femme qu'il aime, il est du devoir d'un bon serviteur, du vôtre, Bachelier, de lui épargner l'embarras d'une première déclaration.

BACHELIER.

A mademoiselle de Ruffé? Rien ne serait plus facile. Ces dames ont précisément l'habitude, vers cette heure-ci, de mettre pied à terre dans la petite allée verte, tout près du pavillon.

RICHELIEU.

Comment! la maréchale est à la portée de la main, et vous restez là, Bachelier! vous lui donnez le temps de regagner son carrosse, de retourner à Versailles, quand le roi peut venir?... Mais courez vite, mon ami! montrez lui Satory, faites-lui voir les appartements, amusez-la, retenez-la. Cent louis au cocher, s'il imagine un prétexte pour retarder son départ; le double, s'il parvient à casser quelque chose à sa voiture... Courez! qu'il accroche le premier poteau qu'il rencontrera, qu'il verse dans le premier fossé venu, au risque d'estropier ses chevaux et de mettre en pièces la voiture!

BACHELIER.

Mais la maréchale, monseigneur?...

RICHELIEU.

Dans les grandes batailles, mon cher Bachelier, il ne faut jamais tenir compte des pertes, il ne faut voir que le résultat. Allez, mon ami, allez!...

SCÈNE VI

RICHELIEU, seul.

Je ne sais pas si la victoire nous restera, mais j'y ferai mes efforts. Voyons un peu. J'ai connu le frère de mademoiselle de Ruffé à Nancy, c'est bien cela; Diane a été élevée à la cour du roi Stanislas; c'est là que s'était réfugié le général, lorsque M. le duc de Bourbon l'exila après la mort du régent. La sœur a suivi Marie Leczinska; mais le roi a oublié de rappeler le frère. Le roi a vu mademoiselle de Ruffé chez la reine, il en est devenu amoureux, et, comme il ne peut lui dire qu'il l'aime en présence de sa femme, il vient languissamment, tendrement, amoureusement, la regarder passer. A quoi tient cependant la fortune! Voilà une famille disgraciée, exilée, dont personne aujourd'hui ne se souvient à la cour, et à laquelle demain, peut-être, tout le monde va porter envie. Pardieu! quoi qu'en ait pu dire M. le marquis de Ruffé le père, sa femme était une femme d'esprit de s'être souvenue, à quarante ans, quand on croyait qu'elle l'avait oublié depuis quinze, qu'une fille n'est jamais de trop dans une maison. Où en serait aujourd'hui le frère de Diane, le pauvre général sans cette sage réflexion de madame sa mère? Que l'on soutienne, après cela, que les femmes manquent de prévoyance. Mais je ne vois rien venir. Bachelier sera arrivé trop tard, ou ce maladroit de cocher n'aura pas su verser la maréchale... Non, pourtant. On parle dans ce pavillon... on parle haut. C'est madame de Boufflers. Elle paraît furieuse, signe qu'elle se porte bien. Ma foi, je me trompais sur le compte de ce cocher, le drôle vaut son pesant d'or. Je le placerai. Eh! c'est lui, Dieu me pardonne!

SCÈNE VII

RICHELIEU, PICARD.

PICARD.

C'est fait, monsieur le duc, c'est fait!

RICHELIEU, lui donnant sa bourse.

Tiens, drôle!

PICARD.

Comment! M. le duc s'en va?

RICHELIEU.

Parfaitement.

PICARD.

Ce n'était donc pas pour vous?

RICHELIEU.

Veux-tu te taire, malheureux! Tu ne m'as pas vu, tu ne me connais pas... Silence!

SCÈNE VIII

LA MARÉCHALE, DIANE, BACHELIER, PICARD.

BACHELIER.

Je prie madame la maréchale de m'excuser... Si l'on avai

pu prévoir qu'un ressort casserait, on aurait donné des ordres d'avance. Mais, d'ici à quelque minutes, madame la maréchale peut être tranquille, le dommage sera réparé.

LA MARÉCHALE.

Je vous remercie, Bachelier. Ah! vous êtes là, Picard!

PICARD.

Oui, madame.

LA MARÉCHALE.

Çà! venez ici, maître maladroit! et tâchez de m'expliquer comment vous vous y êtes pris pour briser un ressort de mon carrosse dans une allée aussi unie qu'un jeu de boules... Je vous demande cela, monsieur Picard, parce que peu de vos camarades seraient en état d'en faire autant, et que vous avez dû vous épuiser en combinaisons avant d'arriver à un résultat pareil!

PICARD.

Oh! mon Dieu, madame la maréchale, c'est bien facile à comprendre. Il y avait une paille dans le ressort.

LA MARÉCHALE.

Une paille!... oui, une paille!... Mon cher, vous êtes trop adroit ou trop maladroit pour moi, et, dans l'un comme dans l'autre cas, je vous chasse!...

BACHELIER, bas, à Picard.

Je me charge de toi.

LA MARÉCHALE, à Picard.

Laissez-nous.

(Picard 'éloigne.)

SCÈNE IX

Les Mêmes, hors PICARD.

LA MARÉCHALE.

S'il eût eu affaire à M. le maréchal, le drôle n'en eût pas été quitte pour vingt-cinq coups de canne.

DIANE.

Oh! madame, j'eusse demandé grâce pour lui-même au maréchal. Après tout, sa maladresse ne nous a pas été bien fatale.

LA MARÉCHALE.

Comment! Et ne comptez-vous pour rien la peur qu'il

nous a faite, mademoiselle? Pour moi, j'en suis encore tout émue.

LA MARÉCHALE.

Voyons, remettez-vous, ma bonne marraine, et ne vous montrez pas trop impitoyable envers ce malheureux, quand vous êtes si bonne envers tout le monde. Moi, pour mon compte, j'ai presque envie de le remercier de sa maladresse ; elle à du moins servi à me donner un plaisir que je désirais depuis longtemps.

LA MARÉCHALE.

Et lequel ?

DIANE.

Elle m'a permis de visiter le pavillon de Satory, dont j'ai si souvent entendu parler, et que je ne connaissais que pour l'avoir vu en passant. Savez-vous, madame la maréchale, que ce n'est pas sans une émotion mêlée de respect et de crainte que j'ai traversé ces appartements encore tout pleins de la présence du roi? C'est donc ici sa retraite favorite! c'est donc ici que, dans l'intime familiarité de quelques amis et de sa famille, il se repose des soucis du pouvoir et de la majesté du trône!... Oh! voyez, la table est dressée, on l'attend!

BACHELIER.

Oui, mademoiselle, on l'attend.

DIANE.

Monsieur Bachelier, vous direz que je suis bien curieuse, mais pour qui ces dix couverts?

LA MARÉCHALE.

Diane!...

BACHELIER.

Oh! il n'y a pas d'indiscrétion, madame la maréchale. D'abord, il y en a un pour madame la duchesse.

DIANE.

Si enjouée et si fine à la fois!

BACHELIER.

Un pour mademoiselle de Charolais.

DIANE.

Si spirituelle!...

BACHELIER.

Un pour mademoiselle de Clermont.

DIANE, souriant.

Si distraite!

BACHELIER.

Les autres sont pour M. de Melun, M. de Mailly, madame de Mailly, M. Deveau, le prince de Grandveau...

DIANE.

Et la reine, quelle est sa place ?

BACHELIER, embarrassé.

La reine, mademoiselle...?

DIANE.

Oui, la reine.

LA MARÉCHALE.

La reine n'assiste pas à ces soupers, mon enfant.

DIANE.

Jamais?

LA MARÉCHALE.

Jamais.

DIANE.

Mais pour quelle raison, madame? On doit pourtant bien s'y amuser!

LA MARÉCHALE.

C'est justement pour cela. Elle craint d'y apporter une étiquette qui en exilerait la gaieté. D'ailleurs, le roi n'a pris l'habitude de ces soupers que depuis peu de temps.

DIANE.

Est-ce que vous approuvez Sa Majesté la reine de se tenir ainsi à l'écart, madame?

LA MARÉCHALE.

Il ne me convient pas, mon enfant, d'avoir une façon de penser sur la manière d'agir de Sa Majesté, quand elle ne me fait pas l'honneur de me consulter.

DIANE.

Oh bien, moi, madame, j'en ai une! Je crois que la reine joue un mauvais jeu en s'isolant; je crois surtout qu'il eût été de beaucoup préférable que le roi vînt chercher près d'elle ce qu'il trouve ici, les douces distractions de l'intimité, le repos, la joie, auxquels elle seule pouvait ajouter le bonheur. Tenez, madame, je ne suis qu'une pauvre fille sans expérience; mais, si les bontés que la reine daigne me témoigner m'enhardissaient au point de lui donner un conseil... ou plutôt si nous étions encore l'une et l'autre, à cette grande cour de Versailles, ce que nous étions à la petite cour de Nancy, elle confiante et bonne pour moi comme aujourd'hui, moi familière et libre avec elle, comme alors, Marie Leczinska et Diane de Ruffé enfin, je lui dirais : « Voyez, ma douce et chère reine, cette rivière au bord de laquelle nous marchons; ses eaux sont si bien mêlées et confondues, qu'elles n'ont plus qu'un même cours et ne portent plus qu'un même nom : la Meuse !... Eh bien, là-bas, pour un léger obstacle qu'elles rencontrent, une part s'en détache qui aurait pu faire un effort et ne pas quitter le courant du fleuve... Hélas!, une fois séparés, le fleuve et elle ne se retrouveront plus. Ainsi est-il de deux cœurs qui se séparent, madame ; ainsi est-il de la vie. »

LA MARÉCHALE.

Mais, à vous entendre, mademoiselle, on croirait que le roi en est à ce point, de méconnaître ou d'oublier l'amour que la reine a pour lui.

DIANE.

Non, madame, et je sais surtout combien cet amour de la reine pour son époux est vrai et profond ; mais, si l'on ne peut aimer plus qu'elle, peut-être est-il possible d'aimer mieux, et c'est ainsi, je crois, que j'aime M. d'Aspremont. Oui, madame, quand Octave m'aura nommée sa femme, quand j'aurai le droit de prendre pour moi la moitié de ses joies et la moitié de ses douleurs, je réclamerai cette part qu'il m'aura donnée, qui sera mon bien, ma propriété, mon trésor ; je ne l'abandonnerai à personne, je ne m'isolerai pas plus de ses peines que de ses plaisirs : je veux qu'il vive en moi, comme je vivrai en lui, et que nos deux existences se confondent si bien, qu'elles n'en fassent plus qu'une.

LA MARÉCHALE.

Eh! eh! ma chère enfant, peut-être n'aurez-vous pas tort d'agir ainsi... Mais, en vérité, on n'en finit pas avec ce carrosse... Mon Dieu ! le roi !

SCÈNE X

LA MARÉCHALE, DIANE, LE ROI.

Le Roi, à la vue de la Maréchale et de Diane, hésite un instant, et cependant descend en scène.

LA MARÉCHALE.

Sire, pardonnez-moi ma témérité... On m'avait dit le roi en chasse, et j'ignorais, en acceptant pour quelques minutes l'hospitalité que M. Bachelier m'a offerte en ce pavillon, que Votre Majesté pût y être sitôt de retour.

LE ROI, avec un certain embarras.

En effet, madame la maréchale, j'ai devancé l'heure où j'y devais venir.

LA MARÉCHALE.

C'est là mon excuse, et je prie Sa Majesté de l'accepter.

LE ROI.

La maréchale de Boufflers n'a pas besoin d'excuse : elle peut entrer chez le roi comme elle entre chez la reine, bien sûre que le roi ne s'en plaindra jamais!

LA MARÉCHALE.

C'est me rendre encore plus confuse de mon indiscrétion, sire, que de m'en parler avec tant de bonté.

LE ROI.

C'est vous dire, madame, que partout et toujours je me trouverai heureux de vous rencontrer.

LA MARÉCHALE.

Sire, Votre Majesté ne perd aucune occasion de prouver qu'il est le plus galant comme le plus noble gentilhomme de son royaume.

(La Maréchale fait une profonde révérence. Le Roi s'incline et salue Diane, qui, de son côté, prend congé de lui.)

LE ROI, après avoir fait quelques pas avec une certaine agitation,
et au moment où les dames vont sortir.

A propos, madame la maréchale, avez-vous reçu des nouvelles de votre fils ?

LA MARÉCHALE.

Le dernier courrier d'Allemagne ne m'en a point apporté, sire ; et mon fils sera bien puni de sa négligence, quand il saura que le roi a daigné s'informer s'il m'avait écrit.

LE ROI.

Savez-vous bien, madame, que sa belle conduite au dernier assaut a fait l'admiration générale, et que je compte dans mes armées peu d'officiers de son mérite? Dites-lui bien, madame la maréchale, que je l'estime tout particulièrement et que je ne l'oublierai pas.

LA MARÉCHALE.

Sire, il n'est point de récompense qui, pour un fidèle serviteur du roi, vaille ce que Votre Majesté vient de me dire de mon fils.

(Elle fait un nouveau mouvement pour s'éloigner.)

LE ROI.

Vous me quittez, madame?... Il me semble que j'avais encore à vous parler d'autre chose.

LA MARÉCHALE.

J'oserai presque dire : tant pis, sire.

LE ROI.

Pourquoi cela?

LA MARÉCHALE.

Parce que Votre Majesté ne peut plus rien ajouter à la joie dont elle vient de me combler.

LE ROI.

Vous allez m'embarrasser, madame, car je ne voudrais pas que mes dernières paroles vous fussent moins agréables que les premières.

LA MARÉCHALE.

Sire, j'écoute.

LE ROI, avec embarras et après un silence.

N'avez-vous pas fait une demande à la reine?

LA MARÉCHALE.

Moi, sire?

LE ROI.

Ou peut-être est-ce la reine qui m'en a fait une pour vous... ou peut-être encore... (Après un nouveau silence.) M. le maréchal de Boufflers, madame, n'avait-il pas été lié avec M. le général de Ruffé?

LA MARÉCHALE.

Sire, on avoue rarement pour amis ceux qui sont tombés dans la disgrâce des rois; la mémoire est ingrate envers le malheur. Cependant, sire, la nôtre... la mienne surtout, est restée fidèle au général et à sa famille.

LE ROI.

Je vous en estime davantage, madame la maréchale; l'aveu que vous faites vous honore, et celui à qui on garde une si vive amitié ne peut qu'en être digne. Les intrigues de cour sont quelquefois plus fortes que la volonté du souverain; mais il dépend toujours du roi de réparer une injustice.

DIANE.

Ah! sire, que venez-vous de dire là! quelle espérance nous laissez-vous entretenir! Mon frère vous a toujours fidèlement servi, sire, et, s'il était admis à se justifier, sa reconnaissance serait éternelle comme la mienne!

LE ROI.

Vous aimez beaucoup votre frère, mademoiselle!

DIANE.

Mon père était mort avant ma naissance, sire, et j'ai perdu ma mère quand je n'avais encore que trois ans. Mon frère a remplacé mon père et ma mère, et je l'aime d'un triple amour.

LE ROI.

Mademoiselle, je sais quel intérêt la reine prend à vous; je sais combien madame la maréchale vous aime; je sais avec quelle tendresse vous l'aimez vous-même, et j'ai pensé qu'il serait bon que vous pussiez accompagner partout une si digne amie. C'est pourquoi, madame, j'ai résolu, c'est pourquoi je désire... que mademoiselle de Ruffé soit présentée dès demain.

DIANE.

Moi, sire, présentée?... à moi, une telle faveur?...

LE ROI.

Ce n'est point une faveur, c'est un commencement de réparation, mademoiselle.

DIANE, un genou en terre.

Oh! sire!...

LE ROI, la relevant.

Mademoiselle...

LA MARÉCHALE.

Votre Majesté a-t-elle fait part de sa volonté à la reine?

LE ROI.

Je me réserve de lui en parler. En prolongeant de quelques minutes notre conversation, madame la maréchale, j'espère ne pas avoir justifié vos craintes de tout à l'heure.

LA MARÉCHALE, d'un ton toujours respectueux mais un peu froid.

Sire, on ne saurait rester avec Votre Majesté sans que chaque minute augmente la reconnaissance qu'on lui doit.

LE ROI.

Allez, madame la maréchale, et puissé-je être assez heureux pour que tout le monde garde de cette rencontre le même souvenir que moi.

(Diane et la Maréchale sortent. Le Roi les reconduit.)

SCÈNE XI

LE ROI, RICHELIEU, BACHELIER.

RICHELIEU, bas.

Eh bien, Bachelier?...

BACHELIER.

Mademoiselle de Ruffé paraissait radieuse en sortant.

RICHELIEU.

Et le roi?

BACHELIER.

Le roi les a reconduites jusqu'à leur voiture.

RICHELIEU.

Nous avons le point, Bachelier; nous pouvons abattre notre jeu.

SCÈNE XII

LE ROI, RICHELIEU, MADAME LA DUCHESSE, MADEMOISELLE DE CHAROLAIS, MADEMOISELLE DE CLERMONT, LE COMTE DE GRANDVEAU, LE DUC DE MELUN, LE COMTE DE MAILLY, LA COMTESSE DE MAILLY, DEVEAU.

Ils entrent en riant.

DE MELUN.

C'est, d'honneur, vrai! et il en convient lui-même. N'est-ce pas, Deveau?

DEVEAU.

Ma foi, monsieur de Melun, que le prince vous réponde et prenne ma place, puisqu'il la prend partout.

(On rit.)

LA DUCHESSE, au Roi, qui est sorti brusquement de sa rêverie pour
venir au-devant de tout le monde.

Sire, vous jouez de malheur : vous avez quitté la chasse au moment où Deveau allait avoir de l'esprit.

MADEMOISELLE DE CHAROLAIS, boitant tout bas.

C'est une occasion perdue, sire, et il y a peu de chance pour qu'elle se retrouve.

LA DUCHESSE.

A moins que Melun ne le remette sur le même chapitre.

LE ROI.

De quoi était-il question?

DE MAILLY.

Sire, il était question de Deveau.

LA DUCHESSE.

Qui a quitté sa femme... une fort jolie femme, sire.

DEVEAU.

Le roi la connait, Altesse.

LA DUCHESSE.

Il a laissé sa femme se tromper sur la première syllabe de son nom.

GRANDVEAU.

Madame la duchesse, je vous en supplie...

DEVEAU.

Laissez donc dire Son Altesse, comte!

LE ROI.

Madame Deveau s'est trompée sur la première syllabe du nom de son mari?

MADEMOISELLE DE CHAROLAIS.

Oui, sire : elle l'a confondue avec la première syllabe du nom de Grandveau; de sorte qu'elle a pris Deveau pour Grandveau, Grandveau pour Deveau, qu'elle a mêlé tout cela ensemble, et que c'est tellement embrouillé maintenant, qu'elle ne s'y reconnaît plus elle-même...

LE ROI.

Mais, Deveau, donnez donc un démenti à de pareilles médisances!

DEVEAU.

Je n'oserais m'y hasarder, sire. Madame Deveau est presque aussi distraite que Son Altesse mademoiselle de Clermont.

LE ROI.
Eh bien, Deveau !... une princesse du sang !
DEVEAU.
Oh ! que Votre Majesté se rassure : mademoiselle de Clermont n'entend pas !
LE ROI, à Grandveau.
Et vous, comte, vous mériteriez que Deveau se vengeât !
GRANDVEAU.
Sire, je suis décidé à rester garçon.
MADEMOISELLE DE CLERMONT, sortant de sa rêverie.
Tiens ! je vous croyais marié, moi.

(Tout le monde rit.)

GRANDVEAU.
Vous voyez bien que Son Altesse entend, Deveau. (A la Princesse.) Non, princesse, non ; c'est mon père qui l'était.
LE ROI.
Messieurs ! messieurs ! (A mademoiselle de Charolais.) A propos, chère cousine, et cette malheureuse entorse ?...
MADEMOISELLE DE CHAROLAIS.
Il y a du mieux, sire !
LE ROI.
Mais je ne me trompe pas : c'est M. de Richelieu !
RICHELIEU.
Qui vient vous annoncer la prise de Philipsbourg, sire, et, en même temps, mettre aux pieds de Votre Majesté ses plus humbles hommages.
LE ROI.
Soyez le bienvenu ! A la première promotion des chevaliers de l'Ordre, je n'oublierai pas le porteur de la bonne nouvelle !
RICHELIEU.
Sire...
LE ROI, lui prenant le bras.
Je suis content que vous soyez revenu, mon cher duc, très-content !

(On s'éloigne pour laisser le Roi et le Duc libres.)

RICHELIEU.
Oserai-je demander au roi en quoi mon retour peut lui causer une pareille satisfaction ? On n'est content d'habitude, à Versailles, que lorsque je m'en vais.

LE ROI.

Duc, je m'ennuie... et j'ai toujours entendu dire qu'avec vous, on ne s'ennuyait jamais.

RICHELIEU.

Ce n'est pas à M. de Fleury que Votre Majesté a entendu dire cela, je présume... Ainsi Votre Majesté s'ennuie?

LE ROI.

Oui.

RICHELIEU.

A votre âge! avec le royaume de France!

LE ROI.

Eh! duc, c'est justement à cause de cela que je m'ennuie. Mon âge m'empêche de gouverner comme je voudrais; le royaume de France m'empêche de m'amuser comme je pourrais; et puis, s'il faut vous le dire...

RICHELIEU.

Et puis?...

LE ROI.

La reine..;

RICHELIEU.

Eh bien, la reine?...

LE ROI.

Rien, mon cher duc. (Avec un soupir.) Ah! je ne suis pas heureux.

RICHELIEU.

Sire, c'est votre faute.

LE ROI.

Comment, c'est ma faute?

RICHELIEU.

Sans doute! c'est toujours la faute d'un roi quand il n'est pas heureux, puisque l'on dit : « Heureux comme un roi! »

LE ROI.

Hélas! proverbe menteur, comme tous les proverbes.

RICHELIEU.

Heureux, sire, il vous serait si facile de l'être!

LE ROI.

Vous croyez cela, duc?

RICHELIEU.

Que Votre Majesté essaye; elle dira ensuite si je me trompe. Votre Majesté s'ennuie! Oh! prenez-y garde, sire! l'ennui est une maladie mortelle, quand on ne la prend pas à temps et si l'ordonnance que donne le *Médecin malgré lui* de Molière, si le *matrimonium* en pilules, comme dit Sganarelle, n'a pas opéré, il faut recourir à la recette de don Juan, et quitter doña Elvire pour Mathurine.

LE ROI.
Duc, vous êtes le plus mauvais sujet de mon royaume !

RICHELIEU.
Cela prouve la grande bonté du roi : son aïeul Louis XIV n'eût point permis une pareille impertinence.

LE ROI.
Comment cela ?

RICHELIEU.
Il voulait être le premier en toute chose, sire.

BACHELIEU.
Le roi est servi.

LE ROI, qui est resté un instant pensif.
Oh ! si elle m'eût aimé !... Allons, allons, le duc a raison, et je suivrai son conseil. (Il offre le bras à la Duchesse.) A table, messieurs !

RICHELIEU, à part.
Je crois que, cette fois, César a passé le Rubicon.

LE ROI.
A ma droite, madame la duchesse. A ma gauche, mademoiselle de Charolais.

MADEMOISELLE DE CHAROLAIS, à Richelieu.
Eh bien, duc, quelle nouvelle ?

RICHELIEU, à demi-voix.
Je ne crois pas que le roi aime la maréchale de Boufflers.

MADEMOISELLE DE CHAROLAIS.
Belle découverte !

LE ROI, levant son verre.
Messieurs, à la mémoire du maréchal de Berwick, si glorieusement mort à notre service ! A la suite de nos succès en Allemagne, et à l'heureux retour du messager qui nous a apporté la triomphante nouvelle de la prise de Philipsbourg !

RICHELIEU.
Sire, votre Majesté me comble !...

LA DUCHESSE.
Est-ce par économie que Votre Majesté a réuni tant de toasts en un seul ?

LE ROI.

Non; je me sens, au contraire, en disposition de tenir tête à tous ces messieurs.

RICHELIEU.

Et même à toutes ces dames !

LE ROI.

Hein ?...

RICHELIEU.

Pardon, sire, je croyais que Votre Majesté m'avait passé la parole; la chose restera pour mon compte.

MADEMOISELLE DE CHAROLAIS.

Monsieur Deveau, découpez donc ce faisan.

DEVEAU.

Altesse, permettez-moi de le passer au prince de Grandveau: c'est lui qui fait tout ce que je ne veux pas faire.

(Tous rient.)

GRANDVEAU.

Bien, Deveau, bien !

LA DUCHESSE.

Messieurs, je vous dénonce Clermont, qui ne parle, ne boit ni ne mange !

MADEMOISELLE DE CHAROLAIS.

Je fais un pari, messieurs.

RICHELIEU.

Je le tiens !

MADAME DE MAILLY.

Attendez donc que vous sachiez quoi.

RICHELIEU.

Je tiens toujours quand c'est avec Son Altesse.

MADEMOISELLE DE CHAROLAIS.

C'est ce que nous allons voir.

RICHELIEU.

Exposez le pari.

MADEMOISELLE DE CHAROLAIS.

M. de Melun est petit et blond. Il y a un an, à peu près, qu'il est l'admirateur de ma sœur Clermont. Eh bien, supposez que l'on substitue à Melun un cavalier grand et brun, je parie que Clermont est si distraite, qu'elle ne s'en aperçoit qu'au bout d'un an... Tenez-vous toujours, duc?

RICHELIEU.

Non, je ne tiens plus.

MADAME DE MAILLY.

Monsieur de Melun, demandez donc à Son Altesse à quoi elle pense.

DE MELUN.

A quoi pensez-vous, Altesse?

MADEMOISELLE DE CLERMONT.

A rien, comte!

MADEMOISELLE DE CHAROLAIS.

C'est aimable pour vous, monsieur de Melun... sans compter qu'elle vous prend pour Mailly.

LE ROI.

Duc, vous savez que l'on chante à nos petits soupers.

RICHELIEU.

Bah! vraiment, sire?...

LE ROI.

Oui; et, si vous avez rapporté d'Allemagne quelque chanson nouvelle...

RICHELIEU.

Ah! sire! si vous saviez comme je chante mal, et puis je ne sais que des chansons à boire.

LE ROI.

Eh bien, mais c'est de circonstance, il me semble. Chantez, duc, chantez!

RICHELIEU.

Eh bien donc, avec la permission du roi...

I

Ne parlons plus de politique.
Qu'importe à moi
Qui gouverne la république,
Lorsque je bois?
A-t-on la paix? a-t-on la guerre?
Je n'en sais rien;
Voilà ma bouteille et mon verre :
Donc, tout va bien!

(Tous répètent en chœur les deux derniers vers.)

II

Que sur sa base Athènes croule
Au bord des mers;
Que sur Sidon l'Océan roule
Ses flots amers;
Que le temps sur la terre aligne

Cités, États;
Que m'importe, dès que la vigne
Ne gèle pas ?

TOUS.

Bravo ! bravo !...

(La musique continue à l'orchestre, jusqu'à la fin de l'acte.)

MADEMOISELLE DE CHAROLAIS.

Clermont ! ma petite Clermont !

DE MELUN.

On y va !... Princesse, votre sœur vous parle.

MADEMOISELLE DE CLERMONT.

Hein ?

MADEMOISELLE DE CHAROLAIS.

Tu savais une si jolie chanson... La sais-tu toujours?

MADEMOISELLE DE CLERMONT.

Sur quoi ?

MADEMOISELLE DE CHAROLAIS, à Richelieu.

Sur quoi, duc ?

RICHELIEU.

Sur... sur Adam.

MADEMOISELLE DE CLERMONT.

Je l'ai oubliée.

DEVEAU.

Cela vous est bien permis, princesse : il a passé tant d'hommes sur la terre depuis ce temps-là !

LE ROI, qui commence à s'étourdir.

Messieurs, un toast !

(Il élève son verre.)

RICHELIEU.

Le roi porte un toast, messieurs.

(Il se fait un silence.)

LE ROI, après un instant d'hésitation.

A la femme que j'aime !

LA DUCHESSE.

Alors, sire, c'est à la reine que ce toast s'adresse ?

(Le Roi pose son verre sur la table sans y avoir mis les lèvres.)

MADEMOISELLE DE CHAROLAIS, bas, à Richelieu.

A qui donc ?

SCÈNE XIII

Les Mêmes, OCTAVE D'ASPREMONT.

OCTAVE, s'arrêtant sur le seuil.

Pardon, sire...

LE ROI.

Non, non, entrez !... Le baron Octave d'Aspremont, messieurs, lieutenant aux gardes, qui me vient, selon la coutume, demander le mot d'ordre pour la nuit.

RICHELIEU.

Le roi veut-il m'accorder l'honneur de le donner ce soir à sa place ?

LE ROI.

Donnez, monsieur le duc.

RICHELIEU.

Denain et Diane.

OCTAVE, à part.

Diane !...

(Mouvement de tout le monde.)

RICHELIEU.

Le nom d'une victoire passée... (Se penchant vers le Roi.) Le nom d'une victoire à venir !

LE ROI.

Monsieur le duc !...

RICHELIEU.

Je ne sais rien, sire !

OCTAVE, à part.

Diane ! Est-ce le hasard ?

MADEMOISELLE DE CHAROLAIS.

Sire, il me semble que votre verre attend.

LE ROI, levant son verre du côté de la forêt où la nuit vient.

A l'étoile de Vénus qui se lève !

RICHELIEU.

A la vertu du roi qui s'éclipse !

ACTE DEUXIÈME

Au palais de Versailles, chez la maréchale de Boufflers.

SCÈNE PREMIÈRE

LA MARÉCHALE, achevant de mettre le cachet à des lettres; BERTRAND, debout, derrière elle, un peigne à la main; MARTHE.

LA MARÉCHALE.

Marthe!... Attendez-moi quelques minutes, Bertrand... Marthe! mademoiselle Marthe!

MARTHE, entrant.

Me voilà, madame la maréchale.

LA MARÉCHALE.

Ne vous avais-je pas dit de rester près de moi?

MARTHE.

Madame la maréchale m'excusera : le roi passe ses troupes en revue; il va rentrer, il y a beaucoup de monde sur la place, et je regardais par la fenêtre.

LA MARÉCHALE.

Vous ne connaissez pas le roi, mademoiselle?

MARTHE.

Si fait, madame la maréchale; mais il est si beau, si gracieux, il monte si bien à cheval, qu'on a toujours plaisir à le revoir.

LA MARÉCHALE.

Donnez ces lettres à mon coureur, et qu'il les porte à leur adresse sans perdre un instant. Ce sont des lettres d'invitation pour le jeu de la reine. Rappelez bien à la tailleuse de la cour que la présentation de mademoiselle de Ruffé a lieu ce soir.

MARTHE.

La tailleuse promet d'être en mesure, madame la maréchale. Mademoiselle est en ce moment avec M. Dumoulin, premier danseur de l'Opéra, qui lui apprend à faire les trois révérences de présentation. Dès que M. Dumoulin sera parti, mademoiselle pourra essayer sa robe.

LA MARÉCHALE.

Il suffit. (Marthe sort.) Vous soignerez bien cette petite tête-là, n'est-ce pas, Bertrand?

BERTRAND, se remettant à coiffer la Maréchale.

Laquelle, madame la maréchale?

LA MARÉCHALE.

Mais celle de Diane!

BERTRAND.

Oh! madame la maréchale peut être tranquille! Racine droite, avec sept pointes à l'espagnole; pouf à l'égarement du cœur et de l'esprit.

LA MARÉCHALE.

Je veux qu'elle soit jolie à faire crever de dépit toutes les princesses du sang!

BERTRAND.

Elles en crèveront, madame la maréchale, ou j'y perdrai ma reputation.

LA MARÉCHALE.

De chez qui sortez-vous?

BERTRAND.

De chez madame la duchesse, de chez mademoiselle de Charolais, de chez mademoiselle de Clermont, où j'ai laissé M. le surintendant. Ah! madame la maréchale, comme cela se coiffe, ces gens de finance!

LA MARÉCHALE.

Je crois bien! c'est né coiffé! Et de quoi etait-il question?

BERTRAND.

De quoi madame la maréchale veut-elle que l'on parle? Il n'y a qu'une nouvelle, ou plutôt, toutes les nouvelles se confondent en une seule.

LA MARÉCHALE.

Ainsi, la présentation de ce soir faisait les frais de toutes les conversations?

BERTRAND.

De toutes, sans exception, madame la maréchale.

LA MARÉCHALE.

Et que disait-on?

BERTRAND.

Que M. le duc de Richelieu pourrait bien ne pas être étranger à ce qui se passe. Madame la maréchale sait que M. le duc n'a pas même été s'inscrire chez la reine?

LA MARÉCHALE.

Ah!... Avez-vous fini, Bertrand?

BERTRAND, lui présentant un miroir.

Que madame la maréchale se regarde : elle a quinze ans.

LA MARÉCHALE.

C'est d'autant plus aimable de votre part d'avoir fait un tel miracle, Bertrand, qu'il y a trente ans que vous me coiffez.

(Bertrand salue et sort par une petite porte de côté.)

SCÈNE II

LA MARÉCHALE, puis LA REINE.

LA MARÉCHALE, réfléchissant.

Ah! cette rencontre d'hier.... ils ont raison, il y a du Richelieu là-dessous... Peut-être même ai-je trop bien compris l'empressement du roi. (La Reine entre sans être vue.) Quoi qu'il en soit, j'ai écrit au général que Diane serait présentée ce soir, présentée par ordre! Il va me demander par ordre de qui?

LA REINE.

Vous lui répondrez que c'est par le mien, madame la maréchale, attendu que, moi, je lui ai écrit il y a huit jours.

LA MARÉCHALE.

La reine!

LA REINE.

Diane est mon amie d'enfance; son frère, exilé de la cour, a trouvé un asile à Nancy, comme mon père, exilé de son royaume de Pologne, avait trouvé un asile en France. La présentation de ce soir n'est, par conséquent, qu'une simple affaire d'étiquette, que j'avais depuis longtemps résolue, ainsi que le rappel du général.

LA MARÉCHALE.

Tout le monde connaît la grande bonté de la reine, et combien elle est fidèle à ses affections et à ses souvenirs.

LA REINE.

Mais où donc est-elle, cette chère Diane?

LA MARÉCHALE.

Elle essaye, je crois, sa robe de présentation... Sa Majesté veut-elle permettre que j'aille lui annoncer moi-même l'honneur que la reine nous fait à toutes deux par cette visite?

LA REINE.

Gardez-vous-en bien, ma chère, maréchale! Il est juste que la tailleuse ait aujourd'hui le pas sur moi. D'ailleurs, nous sommes voisines, et devons, par conséquent, agir entre nous sans cérémonie.

LA MARÉCHALE.

J'obéis; mais on se sera, je suppose, empressé de prévenir Diane de la présence de Votre Majesté... Et, justement, la voici.

LA REINE, apercevant Diane.

Eh! venez donc, ma toute belle!

SCÈNE III

Les Mêmes, DIANE, la Tailleuse.

DIANE.

Madame... (La Reine l'embrasse sur le front.) Si j'avais su que Votre Majesté fût là...

LA REINE.

Qu'eussiez-vous fait?

DIANE.

Plutôt que de faire attendre la reine...

LA REINE.

Il n'y a pas de Majesté devant une robe qu'on essaye. D'ailleurs, vous le savez bien, ce n'est pas la reine qui attendait, c'est l'amie, une amie qui voulait savoir si vous étiez bien contente, bien heureuse.

DIANE.

Oh! comment la reine peut-elle demander cela, comblée ainsi que je le suis de ses bontés!

(Pendant ce temps, la Tailleuse sort avec son carton, et la Maréchale la reconduit en lui donnant ses dernières instructions.)

LA MARÉCHALE.

Vous savez, mademoiselle, que la dernière ordonnance fixe à deux pieds et demi la queue de la robe?

SCÈNE IV

LA REINE, DIANE.

DIANE.

Bonne maréchale! elle s'occupe de tous ces détails comme si j'étais sa fille.

LA REINE.

C'est son double devoir de marraine et de première dame d'honneur.

DIANE, toute souriante.

Mon Dieu! mon Dieu! il me semble que c'est un rêve.

LA REINE.

Et ce rêve, disiez-vous, vous rend bien joyeuse?

DIANE.

Votre Majesté le demande!

LA REINE.

Eh bien, je viens encore augmenter votre joie, chère enfant... Vous aimez bien votre frère?

DIANE.

Oh! madame, vous le savez, vous!... Cher Georges! une seule chose fait ombre à mon bonheur.

LA REINE.

Laquelle?

DIANE.

C'est qu'il soit exilé, tandis que, moi...

LA REINE.

Eh bien, soyez heureuse, mon enfant : votre frère est rappelé à la cour.

DIANE.

Rappelé, madame! Vous dites vrai? je le reverrai?

LA REINE.

Je dis vrai... Mais, hélas! ma chère enfant, ce n'est pas moi qu'il faut remercier de cette attention : c'est le roi.

DIANE, joignant les mains.

Le roi!

LA REINE.

Oui, le roi. Il avait longtemps oublié votre frère, là-bas, chez nous, dans notre triste et magnifique Nancy; les rois ont la mémoire courte, c'est leur plus grand malheur; mais, en entendant prononcer votre nom, en apprenant que nous étions de vieilles amies d'exil, il s'est souvenu, et rappelle votre frère auprès de lui.

DIANE.

Oh! il m'avait bien dit qu'il se souviendrait!

LA REINE.

De qui parlez-vous, mon enfant?

DIANE.

Du roi, madame.

LA REINE, après un mouvement marqué.

Vous l'avez vu?

DIANE.

Plusieurs fois, madame; hier, entre autres, à Satory; et les paroles qu'il m'a dites, les espérances qu'il m'a données, il les a réalisées, madame, et sitôt, qu'il semble que la Providence seule aurait pu m'exaucer ainsi.

LA REINE.

Ah! le roi vous avait vue? il vous avait promis le retour de votre frère?... Je vous le disais bien, mon enfant, c'est lui qu'il faut remercier, et non pas moi.

DIANE.

Tous deux, madame, tous deux!... Je ne veux jamais, dans ma reconnaissance, vous séparer l'un de l'autre... Oh! comment reconnaîtrai-je...?

LA REINE, la regardant et lui prenant les deux mains.

En vous souvenant, Diane, que la reine vous aime, qu'elle est votre amie, en ne l'oubliant jamais... Vous entendez?

DIANE.

Ah! par malheur, le temps des dévouements est passé, ou n'est pas encore venu; sans quoi, je dirais à Votre Majesté qu'elle peut disposer de ma vie.

LA REINE.

Depuis que je suis reine, voilà peut-être la première fois que je crois à ce que l'on me dit. Embrasse-moi, Diane... Tu ne l'oublieras jamais, n'est-ce pas, ce que tu viens de me dire?

DIANE.

Jamais, Majesté!

(La Reine sort.)

SCÈNE V

DIANE, seule.

Mon Dieu, qu'ai-je fait, pour que tant de joies m'arrivent ensemble!... à moins que ce ne soit la récompense de nos malheurs passés! La protection du roi, l'amitié de la reine retrouvés; mon frère, mon cher Georges, rappelé à la cour! Oh! Seigneur! Seigneur! ne cachez-vous pas quelque grande catastrophe à l'ombre de toutes ces prospérités?... Mais qu'est-ce que ce bruit?... Oh! sans doute le roi qui rentre! Comme c'est bon, de voir un roi aimé de tout un grand peuple!... Entendez-vous ces cris?... Quelle masse! quelle foule!... A peine s'il pourra passer. C'est à qui touchera ses habits et jusqu'à son cheval!... O mon roi, que vous êtes grand!... Il m'a vue!... Il me salue! (Elle s'écarte, puis revenant doucement à la fenêtre.) Sans doute, il est passé maintenant... Non, non, il est arrêté sous la fenêtre... Il a laissé tomber son gant... C'est à qui le ramassera! Mon Dieu! son cheval!... une pauvre femme renversée!... Sire! sire!... Mais que fais-je donc! Je deviens folle! (Elle repousse et referme la fenêtre, mais sans quitter de la main l'espagnolette.) Oh! je n'ose plus rouvrir cette fenêtre, je n'ose plus regarder dans la cour. Il me semble qu'au cri que j'ai poussé, tous les regards de cette foule se sont fixés sur moi. (On ouvre la porte.) Qui vient?...

SCÈNE VI

DIANE, RICHELIEU, COMTOIS.

COMTOIS, annonçant.
M. le duc de Richelieu, de la part du roi.

DIANE, à part.
Du roi!

RICHELIEU.
Mademoiselle, Sa Majesté, devinant votre inquiétude et désireuse de la calmer à l'instant, m'a chargé de venir vous rassurer sur le compte de cette pauvre femme que son cheval vient de renverser. Elle n'est que légèrement blessée; le roi l'a fait transporter à l'infirmerie du château, où l'on prendra

soin d'elle. Elle y sera très-bien; si bien même, qu'il est à craindre qu'elle ne veuille plus s'en aller. En même temps, l'on recommandera à son colonel, son fils, qui est soldat.

DIANE, avec embarras.

Je suis confuse, monsieur le duc, de la bonté de Sa Majesté, et ne m'explique pas qu'elle ait daigné vous charger...

RICHELIEU.

Comment donc ! mais cela s'explique de soi-même, mademoiselle. Le roi passe sur la place; vous vous mettez à ce balcon pour le voir, ou par hasard, comme vous voudrez... Sa Majesté laisse tomber son gant, par hasard aussi. Au mouvement qui se fait autour d'elle, pour le ramasser, son cheval se cabre, un accident arrive, un cri vous échappe... Le roi lève les yeux... toujours par hasard... ou parce qu'il vous a entendue... Il désire calmer au plus tôt une frayeur qu'il a causée, et, comme il me veut du bien, c'est moi qu'il charge de cette précieuse mission. Vous voyez comme c'est simple; cela coule de source. Ce qui aurait lieu de surprendre, mademoiselle, c'est qu'un roi de France, un gentilhomme, s'il avait eu le malheur de faire couler des larmes de ces beaux yeux-là ne se fût pas empressé de les essuyer. Dirai-je au roi que mes paroles ont réussi à ramener le calme dans ce cœur qu'il a fait battre un instant?

DIANE.

Je suis tout à fait remise de ma frayeur, monsieur le duc; et, quant à cette pauvre femme, j'enverrai à l'infirmerie, je m'informerai... Je veux qu'elle se souvienne de moi.

RICHELIEU.

Le roi a déjà donné l'ordre qu'on lui comptât cent louis, mademoiselle.

DIANE.

Eh bien, je veux m'associer à la bonne action du roi.

RICHELIEU.

C'est généreusement prendre part à un accident dont, après tout, vous n'êtes que la cause bien involontaire...

DIANE.

La cause ! moi, monsieur ? Et comment ai-je pu être cause de cet accident ?

RICHELIEU.

Comment? Vous ignorez pourquoi Sa Majesté s'est arrêtée

sous cette fenêtre? Eh bien, mademoiselle, consultez votre miroir, et il vous renseignera là-dessus aussi bien que moi. Tout le monde comprend qu'en présence d'une telle beauté, on demeure frappé de surprise et d'admiration, et que, ma foi! on laisse tomber son gant, son mouchoir... son cœur même.

DIANE, confuse.

Monsieur le duc...

RICHELIEU.

Voilà comment, mademoiselle, vous avez pu être la cause innocente d'un accident, heureusement sans gravité. (Apercevant Octave, qui vient d'entrer.) Mais, pardon, nous ne sommes plus seuls, et...

DIANE.

Octave !

RICHELIEU, reconnaissant Octave, à part.

Le lieutenant d'hier au soir! Parbleu! si c'était un amoureux, ce serait plaisant! (Saluant.) Mademoiselle... (Revenant.) Pardon! M. Octave d'Aspremont, n'est-ce pas? lieutenant aux gardes? hier de service au château?

DIANE.

Oui, monsieur le duc.

RICHELIEU.

Un parent ?

DIANE.

Non.

RICHELIEU.

Ah! très-bien... (A part.) C'est plus drôle ! (A Diane.) Je le connais parfaitement : c'est moi qui lui ai donné le mot d'ordre. (A part.) *Denain et Diane!* ça a dû lui faire plaisir.

(Il salue Octave, qui lui rend son salut, puis il sort.)

SCÈNE VII

OCTAVE, DIANE.

OCTAVE.

Excusez-moi, Diane, d'entrer ici sans être annoncé.

DIANE.

Vous annoncer ! Et pour quoi faire annoncerait-on Octave d'Aspremont à Diane de Ruffé?

OCTAVE.

Que sais-je ? Quand ce ne serait que pour ne pas interrompre trop brusquement sa conversation avec M. le duc de Richelieu, ou pour ne pas la tirer inopinément de sa rêverie.

DIANE.

Je ne rêve pas. Je suis très-heureuse, très-contente !

OCTAVE.

On peut faire des rêves heureux, aussi bien que des rêves tristes.

DIANE.

Oui, vous avez raison. Cela tient à la disposition de l'esprit.

OCTAVE.

Ou du cœur... Et peut-on savoir ce qui vous rend si gaie, si contente, Diane ?

DIANE.

Je l'ignore; quelque pressentiment, peut-être.

OCTAVE.

Voyons, je ne veux pas être étranger à votre joie; je veux être pour quelque chose dans votre gaieté.

DIANE.

Comment cela ?

OCTAVE.

Je vais vous annoncer une bonne nouvelle.

DIANE.

Laquelle?...

OCTAVE.

Votre frère est rappelé, Diane.

DIANE.

Oh! que je suis fâchée de le savoir, Octave !

OCTAVE.

Vous le saviez?

DIANE.

Hélas! oui.

OCTAVE.

Est-ce par M. de Richelieu? En vérité, je joue de malheur.

DIANE, lui tendant la main.

Non ; car je vous suis aussi reconnaissante de votre bonne

intention, Octave, que si je n'en avais rien su. Merci, mon ami! (Octave s'assied avec un soupir.) Eh bien, qu'avez-vous?
OCTAVE.

Rien.
DIANE.

Vous ne dites pas la vérité, Octave.
OCTAVE.

Moi?
DIANE.

Voyons, dites ce qui vous rend triste.
OCTAVE, *souriant.*

Un pressentiment, peut-être.
DIANE.

Vous ne me répondez pas.
OCTAVE.

Vous trouvez que ce n'est pas vous répondre?
DIANE.

Non. Vous répétez mes propres paroles.
OCTAVE.

Eh bien, dites-moi ce qui vous rend si gaie, et moi, à mon tour, je vous dirai ce qui me rend triste.
DIANE.

J'ai essayé mes robes de présentation, elles vont à ravir. Cette raison vous suffit-elle?
OCTAVE.

Oui; car elle me mène droit à une question que je voulais vous faire. C'est ce soir, Diane, que vous êtes présentée par ordre du roi?
DIANE.

Et de la reine, Octave, et de la reine! Je l'ai vue, et elle a été parfaite pour moi.
OCTAVE.

Et n'avez-vous vu que la reine?
DIANE.

Oui, ce me semble.
OCTAVE.

Cherchez bien dans vos souvenirs; je crois que vous oubliez quelqu'un.
DIANE.

Voulez-vous parler de M. de Richelieu?

OCTAVE.

Non. Je veux parler du roi, qui a passé sous vos fenêtres.

DIANE.

Oui, c'est vrai.

OCTAVE.

Et, pour avoir un motif d'y rester plus longtemps, il a laissé tomber son gant, n'est-ce pas?

DIANE.

Je n'ai vu qu'une chose, Octave : c'est que son cheval a heurté une pauvre femme qui est tombée. Alors, j'ai poussé un cri.

OCTAVE.

Et les yeux du roi se sont tournés vers vous?

DIANE.

Oui; il a vu ma frayeur, il en a eu pitié, et a daigné charger M. le duc de Richelieu de me rassurer. Je ne le cache pas, Octave. Pourquoi le cacherai-je? C'est une distinction qui m'honore et prouve la bonté du roi. Savez-vous bien ce qu'il a fait encore?

OCTAVE.

Voyons, qu'a-t-il fait? Je serai heureux de l'apprendre de votre bouche.

DIANE.

Il a fait remettre cent louis à cette femme et a ordonné qu'elle fût portée à l'infirmerie du château.

OCTAVE.

Est-ce tout, Diane?... Et, maintenant, voulez-vous, à mon tour, que je vous dise ce qu'il aura fait encore, en rentrant au château, le roi?

DIANE.

Oui... Dites.

OCTAVE.

Il aura fait appeler M. de Richelieu, afin de savoir de lui si Diane de Ruffè a gracieusement accueilli son message, et combien il lui faudra encore d'occasions comme celle-ci pour l'afficher publiquement aux yeux de toute la cour, et la contraindre, par le scandale, à être sa maîtresse.

DIANE.

Octave!... que dites-vous là?

OCTAVE.

La vérité, Diane.

DIANE.

Non. Vous ne le pensez pas! Croirait-on que celui qui parle ainsi du roi porte l'uniforme de ses gardes?

OCTAVE.

Diane de Ruffé devient amère en défendant son souverain.

DIANE.

C'est qu'aussi, Octave, vous êtes injuste!

OCTAVE.

Je ne vous savais point si fidèle sujette d'un prince qui a laissé votre frère proscrit pendant huit ans.

DIANE.

Avouez, Octave, qu'il y aurait de l'ingratitude à lui reprocher cette proscription, juste au moment où il le rappelle...

LE GÉNÉRAL, en dehors.

Où est-elle, madame la maréchale? où est-elle?

DIANE.

Cette voix! c'est la sienne... Mon frère! par ici, mon frère!

SCÈNE VIII

Les Mêmes, LE GÉNÉRAL, LA MARÉCHALE, puis COMTOIS.

LE GÉNÉRAL.

Diane!... On me reconnaît donc encore ici?

DIANE.

Si l'on te reconnaît, Georges! (Se jetant dans ses bras.) Mon bon frère!

OCTAVE, lui serrant la main.

Mon ami!

DIANE.

Je ne comptais pas sur toi si vite, je l'avoue.

LA MARÉCHALE.

Ni moi non plus.

LE GÉNÉRAL.

Bonne maréchale! chère sœur! mon ami! J'étais si transporté de mon rappel, je l'avoue, que je suis parti le jour même où j'en ai reçu la nouvelle, et je n'ai pas perdu de temps en route, n'est-ce pas? Je suis accouru ventre à terre,

Ah çà! mes enfants!... madame la maréchale, vous qui connaissez si bien la cour!... voyons, comment se fait-il qu'après huit ans, le roi se soit tout à coup souvenu d'un homme dont il n'avait nullement besoin? Cela contrecarre toutes les idées reçues! A quelle circonstance, à quel hasard, à quel ami dois-je ce retour inespéré de justice ou de faveur, et la joie ineffable que je goûte à me retrouver au milieu de vous?

OCTAVE.

Il faut demander cela à Diane, mon ami.

LE GÉNÉRAL.

Pourquoi plutôt à elle qu'à madame la maréchale, par exemple?

LA MARÉCHALE.

Vous avez raison, général : je puis vous répondre, et tout le monde peut répondre à votre question, car tout le monde sait combien la reine aime Diane. Votre nom, souvent répété par votre sœur, a rappelé au roi un acte d'ingratitude que sa justice s'est hâtée de réparer.

OCTAVE, amèrement.

Oui, mon pauvre Georges, cette réparation, que tu as si longtemps et si vainement attendue, un moment a suffi pour qu'on te l'accordât, mais tellement complète, éclatante et publique, qu'elle passe tout ce que tu pouvais attendre de la bienveillance du roi.

LA MARÉCHALE.

Que voulez-vous dire, monsieur d'Aspremont?

OCTAVE.

Je veux dire, madame la maréchale, que le roi a fait plus que de rappeler Georges; il a voulu que sa sœur fût présentée ce soir à la cour.

LE GÉNÉRAL.

Toi, Diane?

OCTAVE.

Vous voyez bien qu'il ne le savait pas! N'est-ce pas, frère, que tu ne t'attendais pas à cette faveur?

LE GÉNÉRAL.

Non, en effet.

LA MARÉCHALE.

Vous vous serez croisé avec la lettre de la reine qui vous l'annonçait.

(On entend le bruit d'un timbre.)

LE GÉNÉRAL.

Présentée ce soir?

OCTAVE.

Par ordre du roi.

DIANE.

Et de la reine, Octave... Vous oubliez toujours la reine. Pourquoi donc cette affectation?

LA MARÉCHALE, à Comtois, qui entre.

Qu'y a-t-il, Comtois?

COMTOIS.

M. le comte de Mailly.

LA MARÉCHALE.

En personne?...

COMTOIS.

Selon les ordres, je lui ai dit que madame la maréchale n'était pas visible. Il m'a chargé de lui présenter les assurances de son dévouement, et a laissé son nom.

LE GÉNÉRAL.

Je vous croyais brouillée avec M. de Mailly, maréchale?

OCTAVE.

Tu oublies, Georges, que Diane est présentée par ordre, et que madame la maréchale est sa marraine.

(On entend de nouveau le bruit du timbre.)

LE GÉNÉRAL, à Octave, qui tressaille.

Qu'as-tu donc à tressaillir ainsi?

OCTAVE.

Moi? Rien. (A part, avec désespoir.) Oh! ils y viendront tous, jusqu'aux princesses du sang, j'en suis sûr.

LE GÉNÉRAL.

Octave avait raison, madame : l'exception faite en faveur de Diane est trop flatteuse pour que je ne désire pas apprendre de vous si c'est plus particulièrement au roi ou à la reine que nous devons rendre grâce de tant de bonté.

LA MARÉCHALE.

La vérité me force de dire que c'est au roi, général.

LE GÉNÉRAL.

Au roi!

LA MARÉCHALE, à Comtois, qui rentre.

Qu'est-ce encore?

COMTOIS.

M. le comte de Grandveau, M. le duc de Melun... Ils se disent les plus humbles serviteurs de madame la maréchale.

OCTAVE.

Eh bien, Georges, t'avais-je trompé? Douteras-tu encore de ton crédit, de la haute faveur qui t'est réservée? Vois comme déjà cette foule accourt, comme elle se prosterne!

LA MARÉCHALE, presque à part.

Monsieur d'Aspremont...

OCTAVE, avec désespoir.

C'est madame la maréchale aujourd'hui; mais, demain, quand on saura que tu es arrivé, ce sera toi; et la foule sera plus compacte et plus rampante encore, car tu es le frère, toi, tu peux tout obtenir, tout accorder... Tu vois bien qu'ils le savent, que cela est public!

LE GÉNÉRAL.

Mais quoi donc?... quoi donc?

OCTAVE.

Que le roi...

(On entend de nouveau le bruit du timbre.)

LE GÉNÉRAL.

Achève!

OCTAVE, étouffant.

Ah! je l'avais bien dit qu'il la déshonorerait!

(Il veut sortir.)

LE GÉNÉRAL.

Octave!

DIANE.

Retenez-le, Georges! retenez-le!... Oh! le malheureux!... Il croit que le roi m'aime!

LE GÉNÉRAL.

Toi, Diane? toi?... Oh! Dieu nous préserve d'un tel malheur!

LA MARÉCHALE, bas.

Il faut que je cause avec vous, général.

COMTOIS, rentrant.

M. l'intendant des finances!

LA MARÉCHALE.

M. Deveau?

COMTOIS.

M. Deveau.

LA MARÉCHALE.

Je vous avais déjà dit que je n'y étais pour personne, excepté pour les princesses du sang, si elles venaient; mais j'espère qu'elles ne me feront pas cet honneur.

COMTOIS.

M. l'intendant refuse absolument de s'en aller.

LA MARÉCHALE.

Comment, il refuse de s'en aller?

COMTOIS.

Avant d'avoir vu madame la maréchale. Et, quand je lui ai dit que madame la maréchale ne recevait pas, il m'a répondu : « Comtois, vous êtes un sot; on reçoit toujours un intendant des finances. Allez porter mon nom à la maréchale, mon ami. »

LE GÉNÉRAL, avec contrainte et cherchant à cacher son émotion.

Il a raison, madame, oui, recevez-le, recevez tout le monde. Nous vous laissons, Diane, Octave et moi... Octave ne nous quittera pas... Nous nous retirons... Nous devons avoir bien des choses à nous dire après une si pénible séparation... N'est-il pas vrai, Diane, ma sœur bien-aimée, mon enfant? (Il la presse avec effusion dans ses bras, puis à Octave.) Viens, toi que, dans mon cœur, je ne sépare pas d'elle... Oui, venez!... (En sortant avec Octave et Diane.) Au revoir, madame la maréchale! Comme vous me le disiez tout à l'heure, nous avons à causer ensemble.

SCÈNE IX

LA MARÉCHALE, DEVEAU, COMTOIS.

COMTOIS, annonçant.

M. le surintendant Deveau!

DEVEAU.

Madame la maréchale! madame la maréchale!...

LA MARÉCHALE.

Eh bien, quoi ?

DEVEAU.

Savez-vous que j'ai manqué faire un malheur ?

LA MARÉCHALE.

Où cela ?

DEVEAU.

Dans votre antichambre.

LA MARÉCHALE.

Comment donc ?

DEVEAU.

Si mon épée avait pu sortir du fourreau, je faisais une veuve et des orphelins dans la personne de madame Comtois et de sa progéniture.

COMTOIS.

Madame la maréchale avait dit qu'elle n'y était pour personne.

DEVEAU.

Mais je ne suis pas personne, moi !... Je suis quelqu'un, et la preuve, tiens ! (Il lui présente une bourse ; Comtois hésite à la prendre.) Je ne m'en dédis pas, madame la maréchale, c'est un sot !

(Il remet la bourse dans sa poche, puis revient, d'un air dégagé, saluer la Maréchale.)

SCÈNE X

LA MARÉCHALE, DEVEAU.

LA MARÉCHALE, avec un grand air pendant toute la scène.

Ah çà ! mais, mon cher monsieur Deveau, depuis quand sommes-nous si fort amis ?

DEVEAU.

Je n'ai pas la prétention d'être des amis de madame la maréchale : mais j'ai celle d'être de ses plus dévoués serviteurs.

LA MARÉCHALE.

Vous me dites cela aujourd'hui, et je le crois ; mais comment pouvais-je savoir cela hier, et même ce matin ?

DEVEAU.

Madame la maréchale est tellement femme d'esprit, que je m'étonne qu'elle ne l'ait pas deviné.

LA MARÉCHALE.

Non, monsieur, je ne devine pas; et je désirerais savoir à quelle heureuse circonstance je dois l'honneur de votre visite et la faveur de votre insistance?

DEVEAU.

Je viens vous offrir mes services.

LA MARÉCHALE.

Quels services?

DEVEAU.

Oh! je sais bien que je n'en puis rendre que d'une seule espèce; mais, enfin, ceux-là ne sont pas tout à fait à dédaigner... Je me suis dit : « Madame la maréchale a aujourd'hui une présentation; elle est marraine, et marraine d'une belle personne, ma foi! à laquelle on dit que le roi porte intérêt. Il se peut que, malgré ses deux cent mille livres de rente et ses cinquante mille francs de traitement, elle ait — excusez madame la maréchale! — elle ait besoin d'argent; je vais mettre ma caisse à sa disposition. »

LA MARÉCHALE.

Oh! ce cher monsieur Deveau!... Comment se porte votre femme?

DEVEAU.

Par ma foi, je n'en sais rien... Si, par hasard, je la rencontre, puisque madame la maréchale s'y intéresse, je lui demanderai de ses nouvelles... Je disais donc, madame la maréchale, que ma caisse...

LA MARÉCHALE.

Oui, j'entends bien, votre caisse... Combien avez-vous d'enfants, monsieur Deveau?

DEVEAU.

Un fils.

LA MARÉCHALE.

Combien de filles?

DEVEAU.

Je ne sais pas... Ainsi, ne vous gênez point : vingt-cinq mille, cinquante mille, cent mille livres...

(On sonne.)

LA MARÉCHALE.

Tenez, monsieur on sonne. Voyez donc qui nous arrive.

DEVEAU.

Ah! ah! c'est un parti pris, et l'on refuse mes services?...

C'est rare et mon admiration pour madame la maréchale s'en accroît... J'ai dit que j'étais le serviteur de madame la maréchale, et je ne m'en dédis pas. (Ouvrant la porte.) Son Altesse sérénissime mademoiselle de Clermont !

SCÈNE XI

Les Mêmes, MADEMOISELLE DE CLERMONT.

MADEMOISELLE DE CLERMONT, remerciant Deveau.

Merci, Jasmin !

DEVEAU, à part.

Ah ! bon ! elle me prend pour le valet de chambre de M. de Melun.

MADEMOISELLE DE CLERMONT.

Bonjour, ma chère maréchale ! Savez-vous que je suis enchantée de vous voir ?

LA MARÉCHALE.

Et moi honorée au plus haut degré de recevoir la visite de Votre Altesse.

MADEMOISELLE DE CLERMONT.

Comment se porte Phœnix ?...

LA MARÉCHALE, cherchant.

Phénix ?...

DEVEAU, cherchant aussi.

Phœnix ?... Qu'est-ce que Phénix ?

MADEMOISELLE DE CLERMONT.

Eh ! mais oui, ce charmant petit chien que vous avait envoyé la princesse de Gonzague.

LA MARÉCHALE.

A moi ?

MADEMOISELLE DE CLERMONT.

Et vos enfants, en avez-vous de bonnes nouvelles ?

LA MARÉCHALE.

Je n'ai qu'un fils, qui a l'honneur de servir dans les armées du roi.

MADEMOISELLE DE CLERMONT.

Vous n'avez qu'un fils ? En êtes-vous sûre ?

LA MARÉCHALE.

Parfaitement.

MADEMOISELLE DE CLERMONT.

Cependant M. le maréchal m'avait parlé de sa fille.

LA MARÉCHALE.

Pardon, Altesse, mais le maréchal est mort avant votre naissance.

MADEMOISELLE DE CLERMONT.

Qu'il avait mariée avec M. de Tessé... Est-ce que ce serait une fille naturelle?

LA MARÉCHALE.

Avec M. de Tessé?

DEVEAU.

Je parie que j'ai deviné : la princesse se croit chez la maréchale de Villars.

MADEMOISELLE DE CLERMONT.

Hein?

LA MARÉCHALE.

C'est encore possible... Princesse, excusez ma question, mais êtes-vous bien sûre de l'endroit où vous êtes?

MADEMOISELLE DE CLERMONT, regardant autour d'elle.

Ah! chère madame de Boufflers, pardonnez!... C'est la faute de mon cocher, à qui j'avais dit de me conduire chez madame de Villars, et qui se sera trompé d'adresse... Mais, n'importe, puisque je suis chez vous, j'y reste. Je m'en irai dans la voiture de la première personne qui viendra; j'ai renvoyé la mienne.

COMTOIS, annonçant.

Son Altesse sérénissime mademoiselle de Charolais!

SCÈNE XII

Les Mêmes, MADEMOISELLE DE CHAROLAIS.

MADEMOISELLE DE CHAROLAIS, interrompant Comtois.

C'est bien, c'est bien. Est-ce que nous faisons des façons avec cette chère maréchale? A quoi bon annoncer ainsi? On sait bien que je suis altesse sérénissime et que M. Deveau est financier.

LA MARÉCHALE.

Comment, Votre Altesse daigne...?

MADEMOISELLE DE CHAROLAIS.

Embrassez-moi, chère maréchale! Et puis vous permettez que je vergette un peu Deveau, n'est-ce pas?

LA MARÉCHALE.

Faites comme chez vous, princesse.

MADEMOISELLE DE CHAROLAIS.

Chez moi?... Ah! il se garderait bien d'y venir! Imaginez-vous, ma chère maréchale, qu'on rencontre M. Deveau dans la compagnie du roi, qu'on va à la chasse avec lui, qu'on se familiarise à table, qu'il vous parle, qu'on lui répond, qu'on va jusqu'à daigner lui réclamer les quartiers de rente dont cet harpagon de cardinal est en retard avec nous, qu'il promet de payer, qu'il vous donne un rendez-vous chez lui à cet effet, et qu'il ne s'y trouve pas!

DEVEAU.

Princesse, je me suis levé d'effroi comme le cerf d'hier matin.

MADEMOISELLE DE CHAROLAIS.

Oh! monsieur Deveau, vous ne vous connaissez pas même en vénerie. Le cerf d'hier matin était une jeune tête, et vous dites que vous vous êtes levé d'effroi.

DEVEAU.

Quand j'ai vu qu'il n'y avait pas d'argent en caisse et que je serais obligé de manquer de parole à une altesse sérénissime.

LA MARÉCHALE.

Princesse, vous savez que Deveau ment en ce moment comme un diplomate.

MADEMOISELLE DE CHAROLAIS.

Un intendant des finances ment toujours.

LA MARÉCHALE.

Et tout particulièrement celui-ci : il dit qu'il n'a pas d'argent, et il vient de m'ouvrir un crédit illimité.

MADEMOISELLE DE CHAROLAIS.

Voyez-vous le croquant!... Et...?

LA MARÉCHALE.

J'ai refusé, bien entendu.

MADEMOISELLE DE CHAROLAIS.

Vous avez refusé son argent?

LA MARÉCHALE.

Certainement! Fi donc!

MADEMOISELLE DE CHAROLAIS.

Ah! maréchale, si vous n'en voulez pas, n'en dégoûtez pas les autres.

SCÈNE XIII

Les Mêmes, COMTOIS, puis LA DUCHESSE.

COMTOIS.

Son Altesse royale madame la duchesse!

LA MARÉCHALE.

Comment! aussi? En vérité, je ne sais en quels termes remercier Leurs Altesses de l'honneur qu'elles me font.

LA DUCHESSE. Elle entre en fredonnant.

Bonjour, ma chère maréchale!... Tiens, vous êtes ici, Clermont? Vous aussi, Charolais?

MADEMOISELLE DE CLERMONT.

Pourquoi pas?

LA DUCHESSE.

Ah! chère maréchale, je viens de faire une chanson contre Dangeau et sa fille, et je me suis dit : « Cette chère maréchale, les Dangeau sont de ses amis de père en fils, je veux la lui chanter, à elle, avant personne. » (Elle commence à fredonner.) Mais j'aperçois là-bas une manière d'homme...

DEVEAU.

Pour vous servir, madame la duchesse, si j'en étais capable

LA DUCHESSE.

Non, monsieur.

COMTOIS, annonçant.

Sa Majesté la reine!

TOUS.

La reine!

SCÈNE XIV

Les Mêmes, LA REINE, puis RICHELIEU.

LA REINE. Elle entre fière et hautaine, passe devant les deux Princesses, les regarde sans les saluer, et ne regarde même pas Deveau.

Venez ici, madame la maréchale!

LA MARÉCHALE.

Me voici aux ordres de Votre Majesté.

LA REINE.

Est-il vrai que le roi aime mademoiselle de Ruffé?

LA MARÉCHALE.

Votre Majesté!...

LA REINE.

Je vous demande, madame, s'il est à votre connaissance que le roi aime mademoiselle de Ruffé?

(Richelieu entre, mais sans être annoncé, à cause de la présence de la Reine.)

LA MARÉCHALE.

Comment, Votre Majesté veut-elle...?

LA REINE.

Oui ou non?

LA MARÉCHALE.

Je ne crois pas... je n'oserais pas dire... j'espère...

LA REINE.

Vous êtes de vieille noblesse, madame; vous avez votre parole d'honneur comme un gentilhomme. Sur votre parole d'honneur, je vous ordonne de dire si le roi aime ou n'aime pas mademoiselle de Ruffé.

LA MARÉCHALE.

Je crois qu'il l'aime, madame.

LA REINE.

Voilà tout ce que je désirais savoir... (En se retirant.) Mesdames, je suis bien aise de vous rencontrer chez la maréchale de Boufflers, qui est de mes bonnes amies, et d'y apprendre que M. de Richelieu est de retour de l'armée... Suivez-moi, madame la maréchale; j'ai des ordres à vous donner.

(Elle sort avec la Maréchale. Mademoiselle de Clermont sort à la suite.)

SCÈNE XV

RICHELIEU, DEVEAU, LA DUCHESSE, MADEMOISELLE DE CHAROLAIS.

LA DUCHESSE.

Ouf!... qu'est-ce que cela?

MADEMOISELLE DE CHAROLAIS.

Je n'en sais rien.

LA DUCHESSE.

Si nous en jugeons par la pantomime, la reine est de médiocre humeur.

DEVEAU.

Moi, j'ai entendu...

MADEMOISELLE DE CHAROLAIS.

Quelles oreilles ça vous a, ces hommes de finance!

LA DUCHESSE.

Qu'a dit la reine?

DEVEAU.

Elle a demandé s'il était vrai que le roi aimât mademoiselle de Ruffé.

MADEMOISELLE DE CHAROLAIS.

Et madame de Boufflers a répondu...?

DEVEAU.

Oh! par respect, je me suis retiré et n'ai point entendu la réponse.

MADEMOISELLE DE CHAROLAIS.

Cela nous annonce l'orage.

LA DUCHESSE.

Et, comme je n'aime pas la pluie, je me sauve. Avez-vous votre voiture, Charolais?

MADEMOISELLE DE CHAROLAIS.

Ma foi, non; je l'ai renvoyée, voulant bien qu'on me vît chez la maréchale, mais ne voulant pas qu'on vît ma voiture à sa porte.

LA DUCHESSE.

J'en ai fait autant de la mienne.

DEVEAU.

Si j'osais mettre la mienne à la disposition de Leurs Altesses...

MADEMOISELLE DE CHAROLAIS.

Pour qui nous prendrait-on!

RICHELIEU, qui s'est tenu à l'écart, s'avançant.

Dame, il n'y a plus que celle de votre serviteur.

LA DUCHESSE.

Ah! duc, ce serait bien pis!

MADEMOISELLE DE CHAROLAIS.

N'importe, je me risque!

LA DUCHESSE.

Où donc est Clermont?

MADEMOISELLE DE CHAROLAIS.

Vous verrez qu'elle a suivi la reine, croyant sans doute être de service.

LA DUCHESSE, riant.

Ah! ah! ah!... comme cela lui ressemble!... Partons, Charolais. Si on vous demande qui je suis, vous direz que je suis votre femme de chambre, n'est-ce pas?

(Elles sortent.)

SCÈNE XVI

RICHELIEU, DEVEAU.

DEVEAU.

Vous ne suivez pas Leurs Altesses, monsieur le duc?

RICHELIEU.

Non. J'ai quelques mots à dire ici.

DEVEAU.

Malgré la scène de tout à l'heure, et la manière dont Sa Majesté vous a regardé? S'il en est ainsi, je suis toujours des amis de madame la maréchale, et je me mets au rang de ses plus dévoués serviteurs.

RICHELIEU.

Pourquoi cela, mon cher Deveau?

DEVEAU.

Je connais assez M. le duc pour savoir que, s'il reste, c'est que le vent souffle plus fort de ce côté que de l'autre.

RICHELIEU.

Pas mal observé, Deveau. Je ne sais vraiment pas pourquoi on vous a fait une réputation de bêtise.

DEVEAU.

Je vais vous le dire en confidence, monsieur le duc : ce sont les imbéciles.

RICHELIEU.

Je commence à le croire... Mais voici le général; laissez-moi avec lui.

DEVEAU, saluant.

Monsieur le général...

(Il sort.)

SCÈNE XVII

Les Mêmes, LE GÉNÉRAL.

RICHELIEU.
Mon cher marquis !...

LE GÉNÉRAL, après un temps.
Ah ! c'est vous, monsieur le duc de Richelieu ?

RICHELIEU.
Avez-vous donc si grande peine à me reconnaître ?

LE GÉNÉRAL.
Excusez-moi : il y a huit ans que j'ai quitté la cour.

RICHELIEU.
Et vous y rentrez en triomphateur, mon cher général.
Recevez mes compliments.

LE GÉNÉRAL.
Y a-t-il bien de quoi ?

RICHELIEU.
Peste ! si vous n'êtes pas content, vous êtes difficile. Vous faites, par ma foi, pour vous et votre cheval, une brèche plus large que mon oncle le cardinal ne faisait pour lui et sa litière.

LE GÉNÉRAL.
Vous vous dites mon ami, monsieur le duc ?

RICHELIEU.
Je suis prêt à le prouver.

LE GÉNÉRAL.
Prouvez-le-moi donc, en répondant franchement à la question que je vais vous faire.

RICHELIEU.
Je m'y engage. Parlez, général.

LE GÉNÉRAL.
Que pense-t-on de mon rappel, de la faveur subite dont je suis l'objet ?

RICHELIEU.
La ville s'en étonne ; la cour l'explique ; tout le monde applaudit.

LE GÉNÉRAL.
Même... ceux qui l'expliquent, monsieur le duc ?

RICHELIEU.
Ceux-là surtout.

LE GÉNÉRAL.
Et comment l'expliquent-ils, je vous prie?
RICHELIEU.
Est-ce que cela se demande, mon cher général? Vous le savez aussi bien que moi.
LE GÉNÉRAL.
Mais encore?...
RICHELIEU.
Mon Dieu! si vous y tenez absolument, disons par les services que vous avez rendus à l'État.
LE GÉNÉRAL.
Par les services que j'ai rendus à l'État? Ainsi ma position est bonne?
RICHELIEU.
Excellente! D'autant meilleure qu'elle est plus enviée.
LE GÉNÉRAL.
Vraiment? et par qui?
RICHELIEU.
Parbleu! par ceux qui n'ont pas votre bonheur au jeu, mon cher général; et j'en connais bon nombre qui, ma foi! avec de très-belles cartes aussi, ont perdu la partie que vous avez gagnée.
LE GÉNÉRAL.
Et si je vous disais, monsieur le duc, que je suis au désespoir d'avoir gagné cette partie?
RICHELIEU.
Vous surprendriez tout le monde.
LE GÉNÉRAL.
Même vous?
RICHELIEU.
Vous ne m'avez pas laissé achever; j'allais dire : excepté moi, général. Les hommes de votre trempe et de votre caractère comptent toujours avec l'opinion publique et ne veulent de distinctions que celles qu'ils ont légitimement acquises. Mais permettez-moi de vous dire, mon cher général, que vous êtes par trop méticuleux. Personne au monde, mais personne, ne s'étonnera de vous voir appelé à l'ambassade de Vienne, par exemple.
LE GÉNÉRAL.
Moi, monsieur le duc? Êtes-vous donc chargé de me l'offrir?

RICHELIEU.

Je crois qu'elle est vacante et que l'on attendait votre arrivée pour en disposer.

LE GÉNÉRAL.

Je comprends : on veut que le frère ait sa part de faveur et on lui jette une ambassade afin de se débarrasser de lui

RICHELIEU.

Ah çà ! mais c'est une fort belle ambassade que celle de Vienne... Un peu difficile à manier... Ces diplomates autrichiens sont très-habiles; mais je vous donnerai un moyen de les jouer sous la jambe.

LE GÉNÉRAL.

Vraiment?

RICHELIEU.

L'homme de génie, dans tout cela, c'est le prince Eugène. Eh bien, ce brave prince Eugène, il a une maîtresse charmante qu'il adore, et qui m'adore; je vous accréditerai près d'elle, mon cher général; et, une fois accrédité, ma foi! c'est à vous de me succéder... Ce sera peut-être comme le roi Louis XV succède à son aïeul saint Louis; mais la question n'est pas là; la question, c'est que vous envoyiez des dépêches satisfaisantes. Faites-vous montrer les miennes, et vous verrez comme j'étais renseigné.

LE GÉNÉRAL.

Eh bien, duc, c'est dit. J'attends vos lettres.

RICHELIEU.

A la bonne heure! vous acceptez?... Quand partez-vous?

LE GÉNÉRAL.

Mais cette nuit, probablement.

RICHELIEU.

Alors, il n'y a pas de temps à perdre; dans deux heures, vous aurez votre dépêche.

LE GÉNÉRAL.

Merci.

RICHELIEU.

Bon voyage, mon cher général! et, avant de partir, si vous croyez m'avoir quelque obligation, recommandez-moi ici... Ah! à propos, elle aime l'odeur de la verveine ambrée.

LE GÉNÉRAL.

Qui?

RICHELIEU.

Eh bien, mais la maîtresse du prince Eugène... Adieu! adieu!

SCÈNE XVIII

LE GÉNÉRAL, seul.

Ah! voilà donc ce qu'on voulait faire d'elle et de moi! Pendant que cet homme parlait, j'étouffais de honte, et cependant, pour tout savoir, j'ai voulu le laisser aller jusqu'au bout... Mais sait-elle cela, elle?... Se doute-t-elle de ce qui se trame contre notre nom?... Comprend-elle que nous jouons un jeu à gagner des titres et de l'or, mais à perdre notre réputation et notre honneur? Ah! justement... Diane!

SCÈNE XIX

LE GÉNÉRAL, DIANE.

DIANE.

Je te cherchais, Georges.

LE GÉNÉRAL.

Viens ici.

DIANE.

Me voilà.

LE GÉNÉRAL.

Regarde-moi.

DIANE.

Je te regarde.

LE GÉNÉRAL.

Embrasse-moi.

DIANE.

Je t'embrasse... Mais pourquoi me parles-tu ainsi? pourquoi trembles-tu en me serrant entre tes bras?

LE GÉNÉRAL.

Diane, tu pars ce soir.

DIANE.

Moi?

LE GÉNÉRAL.

Tu quittes Versailles.

DIANE.

Moi?

LE GÉNÉRAL.

Tu retournes à Nancy.

DIANE.

Moi?

LE GÉNÉRAL.

Oui.

DIANE.

Et pourquoi cela?

LE GÉNÉRAL.

Parce que mieux vaut que tu sois là-bas qu'ici.

DIANE.

Cependant...

LE GÉNÉRAL.

Octave prendra son congé et viendra nous rejoindre. Pars!... C'est sur ma seule parole que tu dois partir!... Pars sans me demander d'explications, sans chercher à en avoir de personne. Pars, au nom de notre mère!... pars!...

DIANE.

Ah! oui!... quand tu voudras... demain, ce soir... à l'instant même! (Apercevant d'Asprement.) Octave!...

LE GÉNÉRAL.

Mon Dieu!... qu'a-t-il donc?... Comme il est pâle!

SCÈNE XX

Les Mêmes, OCTAVE.

LE GÉNÉRAL, allant vivement à lui.

Veux-tu que nous restions seuls, Octave?

OCTAVE.

Non: les choses en sont à ce point qu'il faut qu'elle sache tout!

DIANE.

Tout!... Que vais-je donc savoir?

OCTAVE.

Je viens de la revue.

LE GÉNÉRAL.

Eh bien?

OCTAVE.

Parmi les officiers de service, mes camarades, les uns se taisaient, les autres se parlaient bas. « Ah! vous savez, lieutenant, me dit enfin M. Daumont, on présente mademoiselle Diane de Ruffé ce soir. »

DIANE, au Général.

Tu vois bien qu'il faut que je reste.

LE GÉNÉRAL.

Tu ne resteras pas!

OCTAVE.

Oh! non, elle ne restera pas, car ce serait pour recevoir une effroyable insulte!

LE GÉNÉRAL.

Comment?

DIANE.

Laquelle?

OCTAVE.

La reine s'oppose à la présentation.

LE GÉNÉRAL.

La reine s'oppose à la présentation?... Et quel prétexte donne-t-elle?

OCTAVE.

Elle dit... Je ne sais comment répéter cela!... elle dit qu'elle ne veut près d'elle... et, dussent-elles m'étrangler en passant, il faut que ses propres paroles sortent de ma bouche... elle dit qu'elle ne veut près d'elle... que d'honnêtes filles!...

DIANE, se détournant.

Oh! ma mère! ma mère!...

LE GÉNÉRAL.

Octave!

OCTAVE.

Ce n'est pas tout, mon ami ; on te croit complice, toi, mon bon Georges! toi, mon brave général! et les officiers m'ont dit que, si je remettais les pieds chez toi, ils viendraient en masse exiger ma démission... Ah! tu comprends! j'en ai souffleté deux. Je n'avais que deux mains.

LE GÉNÉRAL.

Après?

OCTAVE.

Nous nous sommes battus à l'instant. J'ai blessé l'un et tué l'autre.

DIANE, tombant à genoux.

Grand Dieu !

LE GÉNÉRAL.

Oh ! ceci change l'affaire. La reine ne veut près d'elle que d'honnêtes filles ?... Octave, il faut que Diane soit présentée.

OCTAVE.

Mais puisqu'on te dit que la reine ne veut pas !

DIANE.

O honte !

LE GÉNÉRAL, allant à Diane et étendant ses deux mains au-dessus de la tête de sa sœur.

Sois tranquille, mon enfant ! tu seras présentée ce soir ou, demain, je serai sur la route de la Bastille.

ACTE TROISIÈME

Un salon attenant à la chambre à coucher de la Reine. Porte au fond. Dans le pan coupé, à droite, le boudoir où sont placées des tables de jeu. A gauche, dans l'autre pan coupé, autre porte qui conduit aux appartements. A droite, la porte de la chambre à coucher de la Reine; vis-à-vis, une petite porte qui est celle du corridor particulier du Roi.

SCÈNE PREMIÈRE

LA DUCHESSE, MADEMOISELLE DE CHAROLAIS, MADEMOISELLE DE CLERMONT, LA COMTESSE DE MAILLY, LE COMTE DE GRANDVEAU, LE DUC DE MELUN, LE COMTE DE MAILLY, DEVEAU, LA MARÉCHALE, allant et venant.

Mademoiselle de Charolais est assise; de Melun et de Mailly causent avec elle. La Duchesse et le comte de Grandveau forment un second groupe; un troisième au fond, à l'entrée du boudoir, se compose de mademoiselle de Clermont, de madame de Mailly et de Deveau.

DEVEAU, à madame de Mailly.

Comment! la maréchale est encore avec la reine, comtesse?

MADAME DE MAILLY.

Comme vous dites, mon cher Deveau.

DEVEAU.

Est-ce que les choses s'arrangeraient, par hasard?

MADAME DE MAILLY.

Ça n'est pas probable; quand on s'explique si longuement, c'est qu'on n'a pas envie de s'entendre.

LA MARÉCHALE, sortant de la chambre à coucher.

La reine écrit en ce moment à Sa Majesté le roi de Pologne et autorise Leurs Altesses à commencer le jeu sans elle.

MADAME DE MAILLY, à Deveau.

Avais-je tort? Regardez la maréchale.

DEVEAU.

Comtesse, je ne vous savais pas si forte en diplomatie.

LA DUCHESSE.

Dites donc, monsieur de Grandveau...

GRANDVEAU.

Princesse?...

LA DUCHESSE.

J'ai une idée.

GRANDVEAU.

Elle doit être bonne, puisqu'elle est de vous.

LA DUCHESSE.

Prenez mon bras d'abord, et tâchons qu'on ne puisse pas nous entendre.

GRANDVEAU.

Comme votre idée commence bien!

LA DUCHESSE.

Fat! vous ne changerez donc jamais?...

GRANDVEAU.

Bon! qui est-ce qui change, si ce n'est vous, qui embellissez tous les jours?

(Éclats de rire au fond, dans le groupe où se trouve mademoiselle de Clermont.)

MADEMOISELLE DE CHAROLAIS.

Qu'y a-t-il? et qui vous fait rire de si bon cœur, là-bas?

DE MAILLY.

Ah! princesse, c'est mademoiselle de Clermont qui vient de dire un mot charmant.

MADEMOISELLE DE CHAROLAIS.

Elle est si distraite!

GRANDVEAU, à la Duchesse.

Voyons, votre idée...

LA DUCHESSE.

Mon idée est que nous risquons fort de faire notre partie sans la reine, ce soir.

GRANDVEAU.

J'aurais cru le contraire.

LA DUCHESSE.

Pourquoi?

GRANDVEAU.

A cause du proverbe « Malheureux en amour, heureux au jeu. »

LA DUCHESSE.

Précisément! Sa Majesté a peur de nous ruiner.

LA MARÉCHALE, écrivant au crayon sur ses tablettes.

« Ma chère Diane, faites en sorte de retenir votre frère auprès de vous, jusqu'au moment où il me sera possible d'aller vous rejoindre. »

(Elle déchire la feuille et remonte dans la pièce du fond.)

MADEMOISELLE DE CHAROLAIS.

Eh bien, vous me croirez si vous voulez, Melun, je me figure qu'avec toute son habileté, M. de Richelieu ne sera parvenu qu'à assombrir ce côté-ci du château, sans réussir à égayer l'autre...

DE MELUN.

De sorte, princesse, que nous voilà entre deux catafalques! Mais, à propos de Richelieu et de vous, est-ce vrai, ce que l'on m'a dit?

MADEMOISELLE DE CHAROLAIS.

Que vous a-t-on dit? Quelque méchanceté, si c'est madame la duchesse; quelque naïveté, si c'est mademoiselle de Clermont; quelque bêtise, si c'est Deveau.

DEVEAU, qui se trouve à côté d'elle.

Merci, princesse!

DE MELUN.

Que voulez-vous, mon cher Deveau! on ne prête qu'aux riches.

DEVEAU.

Et M. le duc est en train de faire un emprunt à mademoiselle de Charolais?

DE MELUN.

Ah! ma foi, bien riposté pour un financier!

MADEMOISELLE DE CHAROLAIS.

Revenons à ce que l'on vous a dit de moi et de M. de Richelieu.

DE MELUN.

On m'a dit, princesse, que M. de Richelieu était votre prisonnier.

MADEMOISELLE DE CHAROLAIS.

Bon! il arrive d'Allemagne.

DE MELUN.

Qu'il n'était libre que sur parole.

MADEMOISELLE DE CHAROLAIS.

De mieux en mieux!

DEVEAU.

Et que cela durait depuis un an.

MADEMOISELLE DE CHAROLAIS.

Oh! oh!... Comment avez-vous appris cela, monsieur le financier?

DEVEAU.

En écoutant aux portes, Altesse.

UN HUISSIER, annonçant.

M. le général marquis de Ruffé!

LA MARÉCHALE, à part.

Le général!

(Mouvement de tout le monde.)

DE MAILLY.

Chez la reine! La paix est donc faite?

DEVEAU, à M. de Mailly.

C'est à n'y plus rien comprendre.

LA DUCHESSE.

Au jeu, mesdames! au jeu!

(Le Général paraît et s'arrête dans le salon du fond.)

MADEMOISELLE DE CLERMONT.

Pardon, madame de Mailly; il me semble que, depuis hier, il se passe quelque chose d'extraordinaire.

MADAME DE MAILLY.

Bon! Votre Altesse vient de s'en apercevoir?

MADEMOISELLE DE CLERMONT.

Oui, et je voudrais savoir ce que c'est.

MADAME DE MAILLY.

Ah! princesse, ce serait bien long à vous raconter, d'autant plus qu'il est neuf heures... (montrant la Duchesse et Grandveau qui sont assis aux tables de jeu) et que l'on est au jeu.

MADEMOISELLE DE CLERMONT.

Au jeu? Je ne veux pas me faire attendre...

MADEMOISELLE DE CHAROLAIS, du haut de la scène.

Bon! voilà Clermont qui se trompe de porte! Monsieur de Mailly, prévenez donc ma sœur qu'elle va dans le couloir du roi.

(M. de Mailly va dire un mot à mademoiselle de Clermont.)

MADEMOISELLE DE CLERMONT.

Ah! vraiment?... (Prenant le bras de M. de Mailly.) Donnez-moi votre bras, monsieur de Melun.

MADAME DE MAILLY, riant.

Pardon, princesse; vous vous trompez de cavalier...

MADEMOISELLE DE CLERMONT.

Où donc êtes-vous, Melun?

DE MELUN.

Me voilà, princesse.

(Les autres personnages sont déjà au jeu dans le boudoir. Les portes se ferment.)

SCÈNE II

LE GÉNÉRAL, LA MARÉCHALE.

LA MARÉCHALE, descendant vivement avec M. de Ruffé.

J'espérais, général, que vous attendriez mon retour, avant de vous décider à une démarche malheureusement inutile, si même elle n'est dangereuse. En ce moment, la reine ne veut rien entendre.

LE GÉNÉRAL.

Aussi, n'est-ce point à la reine que je prétends d'abord parler, madame; c'est au roi.

LA MARÉCHALE.

Au roi?...

LE GÉNÉRAL.

Il va venir, je le sais; je l'attends. Par le roi, j'arriverai bien à la reine.

LA MARÉCHALE.

Écoutez, monsieur de Ruffé, et croyez-moi. Je vous en prie, renoncez à cette démarche; attendez que le bruit de cette malheureuse affaire ait eu le temps de se calmer. Plus tard, je vous promets d'insister auprès de la reine, non-seulement sur la nécessité d'une audience pour vous, mais encore sur celle d'une explication entre elle et votre sœur.

LE GÉNÉRAL.

Voici le roi, madame...

LA MARÉCHALE.

Oh! Georges, qu'allez-vous faire!

(La Maréchale et M. de Ruffé se retirent au fond, madame de Boufflers s'efforçant toujours de le persuader.)

SCÈNE III

LES MÊMES, LE ROI, RICHELIEU.

RICHELIEU, au Roi, avec qui il entre en causant.

Ainsi, mademoiselle de Ruffé est prévenue de la visite de Votre Majesté? elle s'y attend?

LE ROI.

Je lui ai fait demander, par Bachelier, la faveur d'un entretien chez la maréchale.

LE GÉNÉRAL, à la Maréchale.

Vous le voyez, c'est d'elle que l'on parle... (S'avançant.) Sire!

LE ROI.

M. de Ruffé!...

RICHELIEU, à part.

Notre frère!... (Au Roi.) Il part pour Vienne.

LE ROI.

Ah! c'est vous, mon cher général. Je suis heureux de vous voir.

LE GÉNÉRAL.

Sire, j'ai l'honneur de solliciter un moment d'audience de Votre Majesté.

LE ROI.

Parlez, général, parlez.

LE GÉNÉRAL.

Le roi veut-il bien ordonner que nous restions seuls?

LE ROI, à Richelieu.

Allez, mon cher duc, et revenez me prendre dans quelques instants.

(Le Duc et la Maréchale saluent. La Maréchale sort par le boudoir, le Duc par la porte opposée.)

SCÈNE IV

LE ROI, LE GÉNÉRAL.

LE ROI.

Je vous écoute, général.

LE GÉNÉRAL.

Sire, Votre Majesté nous fait une grâce qui couvre notre maison de deuil et notre nom de honte.

LE ROI, embarrassé.

Je sais tout ce qui est arrivé, mon cher général, et j'en suis au désespoir. La reine a pris, je ne sais comment, une fausse opinion de votre sœur.

LE GÉNÉRAL.

Oui, sire, très-fausse! Elle croit ma sœur la maîtresse de Votre Majesté.

LE ROI.

Ruffé!...

LE GÉNÉRAL.

Oh! sire, ne marchandons pas sur les mots : non-seulement la reine le croit, mais encore la reine le dit. Eh bien, sire, la reine propage une calomnie, et le roi sait mieux que personne combien la calomnie est infâme!

LE ROI.

Calmez-vous, Ruffé; c'est moi que regarde cette affaire, c'est à moi de l'arranger... Ainsi, général...

LE GÉNÉRAL, insistant.

Sire!...

LE ROI.

Je vous dis d'être sans crainte...

LE GÉNÉRAL.

Mais, pour m'enlever mes craintes, que décide le roi?

LE ROI.

On tâchera que votre sœur soit présentée.

LE GÉNÉRAL.

On tâchera ne suffit pas, sire. Il faut que cela soit

LE ROI.

Oui, vous avez raison, Ruffé, il le faut. Je suis fâché d'avoir laissé partir la maréchale; mais je vais la faire appeler. La présentation devait avoir lieu ce soir, n'est ce pas?...

LE GÉNÉRAL.

Dans une heure.

LE ROI.

Eh bien, je vais donner l'ordre positif que tout demeure dans le même état, et que, dans une heure, la présentation ait lieu.

LE GÉNÉRAL.

Je vous rends grâce, sire; seulement, c'est par une autre bouche que la vôtre que l'ordre doit être donné.

LE ROI.

Pourquoi cela?

LE GÉNÉRAL.

Parce que le roi, par malheur, ne peut rien réparer ici.

LE ROI.

Mais, alors, c'est donc un mal irréparable?

LE GÉNÉRAL.

Non; car ce que le roi ne peut point, la reine le peut.

LE ROI.

La reine?

LE GÉNÉRAL.

Oui, sire. La reine, songez-y bien, est le seul tribunal devant lequel ma sœur puisse comparaître. La reine a une réputation de vertu justement méritée, qui fait que toute la France la vénère. C'est elle qui a condamné ma sœur, c'est elle seulement qui peut l'absoudre.

LE ROI.

Monsieur de Ruffé, je vous promets que votre sœur sera reçue ce soir par la reine.

LE GÉNÉRAL.

Pas reçue, sire : présentée, présentée par la reine, et non plus à la reine. Ma sœur a été insultée publiquement : je veux que réparation publique lui soit faite.

LE ROI.

Vous voulez?...

LE GÉNÉRAL.

J'ai dit : je veux ! Sire, vous êtes roi, je suis gentilhomme. Vous êtes le chef d'une dynastie, je suis le chef d'une famille. Vous avez des comptes à rendre à l'avenir; moi, j'ai des comptes à rendre au passé. Eh bien, au nom de quatre cents ans de courage, d'honneur et de loyauté, je dis, sire : Je veux ! Maintenant, Votre Majesté est libre de dire qu'elle ne veut pas. En ce cas, ce sont ses ancêtres qui auront à rougir, et non les miens.

LE ROI.

Général, n'essayez point de forcer ma volonté, croyez-moi. La reine a eu tort.

LE GÉNÉRAL.

Tort, seulement?

LE ROI.

La reine a été injuste. Que voulez-vous de plus ?

LE GÉNÉRAL.

De vous, rien, sire, et j'en reviens à mon premier projet.

LE ROI.

Qui était ?...

LE GÉNÉRAL.

De m'adresser directement à la reine.

LE ROI.

Mais vous savez qu'elle ne veut pas vous recevoir.

LE GÉNÉRAL.

J'ai bien forcé les murailles de Belgrade; je forcerai bien la porte d'une femme.

LE ROI.

Cette femme est votre reine, monsieur !

LE GÉNÉRAL.

Sire, par l'offense qu'elle nous a faite, elle est descendue au rang de ceux qu'elle a offensés.

LE ROI.

Prenez garde, Ruffé !... Les injures que le roi souffre, et souffre patiemment, il serait obligé de les punir, si elles s'adressaient à la reine.

LE GÉNÉRAL.

Je remercie le roi de m'en prévenir. Du moins, si je n'ai rien à attendre de sa justice, je sais maintenant par où je puis mériter sa colère

LE ROI.

Monsieur de Ruffé!...

LE GÉNÉRAL.

Oui, sire, votre colère, il me la faut : c'est ma justification. Et, si je ne puis l'obtenir qu'au prix d'une offense envers la reine, eh bien sire...

LE ROI.

Monsieur!...

LE GÉNÉRAL.

J'offenserai la reine en forçant cette porte, et mon audace aura pour résultat une réparation loyale, si je m'adresse à un cœur noble et généreux ; une persécution mortelle, si ce cœur n'est royal que de nom.

(Il fait quelques pas vers la porte de la chambre à coucher.)

SCÈNE V

Les Mêmes, LA REINE.

LA REINE, qui est entrée pendant les dernières phrases du Général.

Sire, moi aussi, j'invoque la justice du roi. Je l'invoque au nom de ma dignité offensée, de mon autorité méconnue. Quand un sujet que vos bontés ont tiré de l'exil, porté si haut la tête, qu'il refuse de la courber sous la volonté de sa souveraine ; quand un homme ose pénétrer chez moi, malgré moi, je viens vous demander si la reine est encore la reine; si elle a le droit de se faire respecter, ou s'il est dans ce royaume quelqu'un à qui vous ayez permis de l'outrager impunément.

LE ROI, après avoir sonné, à un Huissier qui paraît au fond.

L'officier de service !

SCÈNE VI

Les Mêmes, OCTAVE.

LE ROI.

Monsieur le baron d'Aspremont, demandez son épée à M. le général marquis de Ruffé.

LE GÉNÉRAL, à la Reine.

Merci, madame...

OCTAVE, hésitant.

Sire...

LE ROI.

Au nom du roi, monsieur !...

LE GÉNÉRAL.

Silence, Octave ! tu es soldat, et, avant tout, un soldat doit obéir. Lieutenant, voici mon épée.

(Octave prend l'épée, puis il fait un signe au fond et dit un mot aux Gardes qui paraissent.)

LE GÉNÉRAL.

Et maintenant, qui osera dire que la sœur est la maîtresse du roi, quand le frère est à la Bastille ?

(Il sort par le fond. — Pendant que le Général a remis son épée, le Roi est allé à la petite porte à gauche qui conduit chez lui, comme pour sortir. En voulant tirer cette porte, il s'aperçoit qu'elle est fermée. Il jette un regard du côté de la Reine, et fait un geste d'impatience.)

LE ROI, à part.

C'est juste ! j'oubliais qu'il y a un verrou !...

(Il va pour sortir par la porte de gauche.)

OCTAVE, redescendant du fond et arrêtant le roi.

Pardon, sire...

LE ROI.

Que me voulez-vous, monsieur ?

OCTAVE.

J'ai une grâce à demander à Votre Majesté.

LE ROI.

Laquelle ?

OCTAVE.

C'est d'accepter ma démission,

LE ROI.

Votre démission ?

OCTAVE.

Oui, sire.

LE ROI.

Pourquoi cela ?

OCTAVE.

Je me marie ce soir.

LE ROI.

Et qui épousez-vous?

OCTAVE.

Mademoiselle Diane de Ruffé.

LA REINE, à part.

Diane!...

LE ROI.

Vous épousez mademoiselle de Ruffé?...

OCTAVE.

Et, comme je sais que Votre Majesté n'aime pas les officiers mariés....

LE ROI.

C'est bien, monsieur, votre démission est acceptée.

OCTAVE.

A qui dois-je remettre l'épée du général, sire?

LE ROI.

A votre sous-lieutenant. Allez!

(Octave salue et sort par le fond. Le Roi sort par la gauche.)

SCÈNE VII

LA REINE, seule.

Diane! il l'épouse! Est-ce conviction de son innocence? est-ce dévouement? Le roi s'est troublé en écoutant M. d'Aspremont. Où va-t-il?... Oh! sans doute chez elle, pour lui demander pardon d'avoir vengé l'insulte que son frère m'a faite!... (Entr'ouvrant la porte par laquelle est sorti le Roi.) Mais non... Si!... je ne me trompe pas... Il se fait ouvrir la porte de madame de Boufflers... Sans doute, c'était un rendez-vous pris et elle l'attend! (Se retournant et voyant Diane qui est entrée.) Non! la voilà...

SCÈNE VIII

LA REINE, DIANE.

Diane entre d'abord sans voir la Reine. Dès qu'elle l'a aperçue, elle s'avance jusqu'au milieu du théâtre et met un genou en terre.

DIANE.

Madame!

(La Reine passe sans s'arrêter; mais Diane la retient par le bas de sa robe, qu'elle baise.)

LA REINE.

Que me voulez-vous? Parlez!...

DIANE.

Mon frère vient d'être arrêté sur la demande de Votre Majesté. J'implore la grâce de mon frère.

LA REINE.

C'est bien, mademoiselle; je demanderai au roi que sa justice veuille bien s'adoucir.

DIANE, prenant la main de la Reine.

Votre main, madame! (Elle la baise.) Cette chère main!... (S'apercevant qu'une larme est tombée sur la main de la Reine.) Oh! et maintenant, je me relève, car c'est pour moi que je vais parler.

LA REINE.

Pour vous?

DIANE.

Oui, madame! mon frère a eu tort envers vous; mais vous avez eu tort envers moi.

LA REINE.

Alors, c'est moi qui ai des excuses à vous faire?...

DIANE.

C'est vous qui avez à me tendre la main; c'est vous qui avez à dire à toute cette cour, qui, sur votre accusation, me calomnie : « Voici Diane, messieurs! je m'étais trompée sur son compte. »

LA REINE.

Mais le roi vous aime?

DIANE.

Le sais-je, madame!

LA REINE.

Comment! vous ne le savez pas?

DIANE.

Le roi, du moins, ne m'a jamais fait cette injure de me le dire. Mais la reine a eu la cruauté de dire de moi : « Mademoiselle de Ruffé ne me sera point présentée; je ne veux à mes côtés que d'honnêtes filles. »

LA REINE.

C'est vrai, je l'ai dit.

DIANE.

Eh bien, ce mot, madame, je ne le méritais pas; car, aussi vrai que vous êtes une honnête femme, je suis, moi, une honnête fille.

LA REINE.

Regardez-moi en face.

DIANE.

Oh! bien volontiers, madame. (Avec tristesse et candeur.) Il y a d'ordinaire tant de bonté dans vos yeux.

LA REINE.

Diane!

DIANE.

Oh! madame, vous m'avez accusée injustement, vous m'avez atteinte dans ma réputation, blessée dans mon honneur!... Vous avez exposé la vie d'Octave, vous avez enlevé la liberté à mon frère! J'étais venue ici pour vous demander compte de mon honneur; et cependant, voilà qu'à votre vue bien-aimée, au lieu de récriminations, je n'ai que des prières, au lieu de reproches, je n'ai que des larmes. Et, au fait, comment échapperais-je à l'influence commune? comment ne vous aimerais-je pas quand tout le monde vous aime?

LA REINE.

Oh! mon Dieu! il est cependant impossible que l'hypocrisie prête un pareil langage à la trahison... Que croire?

DIANE, frappée d'une idée subite.

Croyez ce que vous verrez, croyez ce que vous entendrez

LA REINE.

Que voulez-vous dire?

DIANE.

Le roi est allé chez moi; il m'avait fait prévenir de sa visite.

LA REINE.

Vous voyez!

DIANE.

C'était la première fois, et je suis ici.

LA REINE.

Eh bien?...

DIANE.

Ne me trouvant pas chez la maréchale, il va revenir.

LA REINE.

Rentrons chez moi.

DIANE.

Non pas, madame : faisons mieux. Je vais attendre le roi, et vous, là, cachée...

LA REINE.

Moi?...

DIANE.

Oh! je vous en conjure, madame!

LA REINE, regardant au fond.

Il vient!...

DIANE.

Entrez là !...

LA REINE.

Oh! Diane! Diane! si vous m'avez dit vrai!...

DIANE.

Silence, madame!

RICHELIEU, entrant par la porte de gauche.

Le général arrêté!... Sire, d'où vient...? (S'arrêtant tout à coup.) La reine et mademoiselle de Ruffé !...

(Il se retire vivement en fermant à demi la porte sur lui, au moment où le Roi paraît au fond.)

SCÈNE IX

LE ROI, DIANE; RICHELIEU et LA REINE, cachés.

LE ROI.

Ah! c'est vous, Diane! Je vous rencontre enfin!

DIANE.

Le roi me faisait l'honneur de me chercher?

LE ROI.

Je viens de chez vous. Vous n'étiez donc point prévenue que je désirais vous voir?

DIANE.

Si vraiment; mais, j'ai cru, sire, que votre messager se trompait en me disant que le roi se donnerait la peine de venir lui-même chez madame de Boufflers.

LE ROI.

C'est vous qui vous trompiez, Diane; je désirais vous parler.

DIANE.

A moi, sire?

LE ROI.

A vous, à vous seule, et... (regardant autour de lui) et là où j'aurais été sûr de n'être point interrompu.

DIANE.

Le roi ne peut-il donc me dire ici ce qu'il comptait me faire l'honneur de me dire autre part?

LE ROI.

Oui, Diane, je vous dirai, même ici, ce qu'en tout lieu et a toute heure du jour, j'éprouve pour vous. Diane! Diane!... je vous aime!...

DIANE.

Le roi me rendra cette justice d'avouer que je ne pouvais me douter que ce fût là ce qu'il avait à me dire.

LE ROI.

Non; car c'est la première fois que ce mot sort de ma bouche, que ce secret s'échappe de mon cœur. Diane! dites-moi que ce secret ne vous est point pénible, que ce mot ne vous épouvante pas.

DIANE.

Sire, dans une heure, le baron Octave d'Aspremont sera mon mari.

LE ROI.

Et c'est justement ce mariage qui me désespère. Oh! ce mariage, Diane, par grâce, rompez-le!...

DIANE.

Sire, vous m'aimez, dites-vous? Eh bien, ou je suis une honnête femme, et cet amour causera le malheur du roi; ou je suis, comme on l'a dit, une fille sans loyauté et sans honneur... et alors, je céderai.

LE ROI.

Diane!...

DIANE.

Et alors, ma faiblesse sera pour le roi plus qu'un malheur, ce sera un remords.

LE ROI.

Que voulez-vous dire ?

DIANE.

Je veux dire que je vois plus clair que le roi dans son propre cœur; je veux dire que le roi croit m'aimer et que le roi se trompe. Le sentiment qu'il croit avoir pour moi est né au fond de son cœur dans un moment d'impatience ou de dépit; mais l'aveu n'en serait jamais sorti de sa bouche, sans les encouragements de certains hommes qui entourent Sa Majesté!...

RICHELIEU, qui écoute.

Bon! ceci est à mon adresse.

LE ROI.

Diane, vous pouvez croire...?

DIANE.

Sire, je crois qu'en ce moment le cœur du roi souffre et a besoin d'être consolé; mais le roi ne m'aime pas, il aime une autre femme.

LE ROI.

Moi!... une autre femme?... Et laquelle?

DIANE.

La reine, sire.

LA REINE, à part.

Mon Dieu!...

LE ROI.

La reine?... Taisez-vous, Diane, taisez-vous!...

DIANE.

Oui, vous aimez la reine, et c'est pour moi une grande joie, un grand bonheur de vous le dire.

LE ROI.

Vous vous trompez, Diane, et, si cela était... oh! je serais trop malheureux!

(Il tombe dans un fauteuil.)

5.

RICHELIEU, à part.

Ouais!...

DIANE.

Et pourquoi donc, sire?...

LE ROI.

Oh! parce que la reine ne m'aime pas.

DIANE.

Elle ne vous aime pas?

LE ROI.

Si elle m'aimait, serait-elle donc ainsi réservée jusqu'à l'indifférence? mettrait-elle sans cesse un obstacle quelconque entre elle et moi? Non, Diane, croyez-en un homme qui a de l'amour plein le cœur, la reine ne m'aime pas... et je ne puis pas dire : la reine ne m'aime plus... car la reine ne m'a jamais aimé.

LA REINE, à part.

Oh!...

DIANE.

Mais vous, vous l'aimiez, sire... Dites donc que vous l'aimiez, vous! dites donc que vous n'aimez qu'elle! dites donc que votre amour pour toute autre femme ne sera jamais que du dépit! Avouez-moi cela; accordez-moi cette grâce, pour tout le mal que la reine m'a fait, de m'avouer que vous aimez la reine.

(Elle se jette à ses pieds.)

LE ROI.

Diane!... Diane à mes genoux!...

DIANE.

Chacun de nous est à sa place, sire; entre qui veut, je ne crains pas d'être vue ainsi. En serait-il de même, si c'était vous qui fussiez à mes pieds?

LE ROI.

Relevez-vous, Diane...

DIANE.

Non, pas avant que vous m'ayez dit votre véritable secret... La vérité, la grande, la profonde vérité... c'est que vous ne m'aimez pas! c'est que vous aimez la reine!

LE ROI.

Mais à quoi vous servirait-il que je vous fisse un pareil aveu, Diane?

DIANE.

Oh! je vais vous le dire : c'est qu'au lieu de me plaindre à vous de ce qui m'arrive, j'en remercierais le ciel; c'est qu'alors je vous dirais : « Oh! sire, comme vous vous trompez! comme vous pouvez être heureux! »

LE ROI.

Mais c'est à elle qu'il faut dire cela, ce n'est pas à moi..

DIANE.

Aussi, l'occasion seule me manque. Si la reine était là, voici ce que je lui dirais : « Oh! ma chère Majesté! vous croyez que le roi ne vous aime pas... »

LE ROI.

Elle croit cela, elle qui me repousse, qui me chasse!...

DIANE.

« Hélas! — lui dirais-je toujours, — que de femmes seraient heureuses d'une pareille indifférence!... Elles comprendraient qu'il suffit d'un regard pour en faire de l'amour, d'un mot pour la changer en adoration! Ce mot, votre dignité vous empêche de le dire? ce regard, vous êtes trop fière pour le laisser tomber sur lui? Eh! mon Dieu! à nous autres femmes, la religion le dit, notre grandeur est dans notre humilité, notre force est dans notre faiblesse. Laissez la dignité à l'époux, la fierté au roi; c'est l'apanage des hommes et des rois d'être dignes et fiers; mais vous, reine, mais vous, femme, contentez-vous d'aimer, d'être douce, patiente, consolatrice; ayez une tristesse pour chacun de ses départs, un sourire pour chacun de ses retours; enfin, soyez femme d'abord, reine ensuite... et vous verrez que vous serez heureuse!... » Si elle était là, sire, voilà ce que je lui dirais.

LE ROI.

Diane, vous êtes un ange!

DIANE.

C'est donc vrai, bien vrai, ce que je dis?...

LE ROI.

Diane, il y a dix minutes que je mettais mon amour entre

vos mains... Diane, j'y laisse plus que mon amour, j'y laisse mon bonheur! Oh! Diane! Diane!... si la reine vous avait entendue!

(Il sort par le fond.)

SCÈNE X

DIANE, LA REINE, puis LA MARÉCHALE.

DIANE.

Eh bien, madame?...

LA REINE.

Oh! dans mes bras, sur mon cœur!... Viens! viens!

DIANE.

Oh! ma bien-aimée reine!

LA MARÉCHALE, à part.

Diane! dans les bras de Sa Majesté!... (Haut et s'avançant.) Pardon, madame, la surprise... la joie... Je venais dire à la reine qu'on l'attend, qu'il est plus de onze heures... et...

LA REINE.

Faites ouvrir, madame la maréchale! (Prenant Diane par la main, et entrant avec elle dans le boudoir.) Messieurs, mademoiselle de Ruffé est présentée.

(Les portes se referment sur elle et sur la Maréchale.)

SCÈNE XI

RICHELIEU, seul, sortant de sa cachette.

Ouf! je suis en nage!... Bonté du ciel! qu'est-ce qui nous tombe là?... Il était amoureux de sa femme!... Voilà de ces choses de l'autre monde, auxquelles on ne s'attend pas dans celui-ci, et qui prouvent que l'on ne doit s'étonner de rien. Pour moi, on viendrait me dire maintenant que le roi de Maroc épouse mademoiselle de Charolais, que Deveau est un aigle, que Mailly est un saint, que M. de Fleury est un grand homme, et que l'on m'a fait Turc sans que je m'en doutasse, je n'en éprouverais pas la moindre surprise. Je suis préparé à tout.

SCÈNE XII

RICHELIEU, BACHELIER.

BACHELIER.

Le roi fait dire à M. le duc qu'il est inutile de l'attendre.

RICHELIEU.

Parbleu ! je le savais de reste !

BACHELIER, radieux.

M. le duc sait donc que tout marche à ravir?

RICHELIEU.

Vous trouvez?...

BACHELIER.

L'entretien avec mademoiselle de Ruffé a eu un excellent résultat.

RICHELIEU.

Vrai ?

BACHELIER.

Sa Majesté était très-émue en rentrant.

RICHELIEU.

Ce bon Bachelier !

BACHELIER.

Il est évident qu'il aimait en secret, et que l'objet de cet amour était mademoiselle de Ruffé. Comme M. le duc a deviné cela tout de suite ! quelle habileté ! quelle justesse dans le coup d'œil ! Si M. le duc fait preuve, à la guerre, de la même perspicacité qu'en amour, jamais les armées du roi n'auront été commandées par un si grand général.

RICHELIEU.

Merci, Bachelier, merci !... ce que vous me dites là me fait bien du plaisir. Avez-vous des commissions pour l'Allemagne, mon ami?

BACHELIER.

Moi ?...

RICHELIEU.

Je pars demain matin.

BACHELIER.

Vous, monsieur le duc?...

RICHELIEU.

Je pars ce soir, je pars dans une heure.

BACHELIER.

Vous partez?

RICHELIEU.

A l'instant! ou, si vous me retenez, si vous ne voulez pas que je vous étrangle, vous allez m'expliquer comment il se fait que, le roi aimant la reine, la reine aimant le roi, tout cela s'arrangeant le mieux du monde, et constituant un petit ménage bien doux, bien modeste, bien gentil, bien bourgeois, et si touchant, que vous m'en voyez encore attendri jusqu'aux larmes, Bachelier, vous allez m'expliquer pourquoi roi et reine, et mari et femme ne savourent pas tout à leur aise leur mutuelle tendresse, et qui diable s'oppose à ce qu'ils s'en entretiennent toute la journée... hein?...

BACHELIER.

Mais je ne comprends point...

RICHELIEU.

Ce n'est pas vous qui vous y opposez, n'est-ce pas? ce n'est pas moi non plus qui m'y oppose... Alors, qui est-ce? où est l'obstacle? Voilà ce que je vous demande.

BACHELIER.

L'obstacle?...

RICHELIEU.

Oui!

BACHELIER.

Mais il n'y en a pas, d'obstacle.

RICHELIEU.

Mais je vous dis qu'il y en a un, moi!... Regardez, Bachelier; regardez à droite, regardez à gauche, regardez devant, regardez derrière vous! car enfin, il y a un corridor qui va du roi chez la reine... Le corridor, il est là...

BACHELIER.

Oui; mais, onze heures du soir venues, il se ferme!

RICHELIEU.

Comment! il se ferme?...

BACHELIER.

Au verrou, même!

RICHELIEU.

Hein?

BACHELIER

Je dis : au verrou...

RICHELIEU.

Tu dis : au verrou? Répète, Bachelier! répète, mon ami! Au verrou?

BACHELIER.

Sans doute, au verrou.

RICHELIEU.

Et moi qui lui demande depuis une heure où est l'obstacle!... Bachelier, mon ami, il faut que je vous embrasse.

BACHELIER.

Monsieur le duc !

RICHELIEU.

Vous auriez pu me dire cela hier; vous auriez pu me dire cela ce matin, vous auriez même pu, à cette heure, ne pas me le faire attendre si longtemps ; mais mieux vaut tard que jamais... Bachelier, nous sommes sauvés !

BACHELIER.

Sauvés?

RICHELIEU.

Oui ; courez chez le roi.

BACHELIER.

Plaît-il?...

RICHELIEU.

Dites-lui que la reine désire lui parler.

BACHELIER.

La reine?...

RICHELIEU.

Qu'elle l'attend. Courez!...

BACHELIER.

La reine attend le roi?

RICHELIEU.

Impatiemment, Bachelier! Mais courez, courez donc!

SCÈNE XIII

RICHELIEU, seul.

Il y a un verrou!... Ah! monsieur de Fleury, je comprends... Vous avez un roi jeune, passionné, et vous vous êtes dit, en voyant une reine jeune et belle : « Mon règne est fini, et voilà celle qui va gouverner à ma place. » Alors, comme cette reine est pleine de scrupules, vous lui avez fait cadeau d'un verrou. De sorte que le roi est toujours le roi, mais que la reine n'est pas encore la reine. (Onze heures sonnent. Silence!

SCÈNE XIV

RICHELIEU, LA REINE.

LA REINE, venant du boudoir et parlant à madame de Boufflers, qui n'entre pas.

Non, ma chère maréchale, c'est inutile; il est onze heures. Maintenant, M. de Ruffé doit être libre, et, demain, je vous attends à mon lever avec lui, M. d'Aspremont et Diane. (La porte du boudoir se ferme.) Ah! que l'on aime à se sentir soulagé d'un soupçon!... que cela fait de bien, de retrouver une amie que l'on croyait perdue, et comme on respire à l'aise!... (Richelieu s'avance et salue respectueusement.) M. de Richelieu!...

RICHELIEU.

Je ne demande pas à Votre Majesté si elle est contente de sa soirée. Elle a fait des heureux puisqu'elle est heureuse.

LA REINE.

M. de Richelieu chez moi! et à cette heure!...

RICHELIEU.

J'y viens de la part du roi, madame; du roi que je quitte et qui m'a autorisé à vous apporter tous ses compliments.

LA REINE.

Tous ses compliments! Et comment se fait-il que le roi ne soit pas venu lui-même?

RICHELIEU.

Mais parce qu'il a dit... moi, je commence par vous affirmer que je n'ai pas voulu le croire !... parce qu'il a dit que plusieurs fois il était venu, et avait trouvé... Comment appelle-t-il donc cela ?... Et avait trouvé le... le... verrou poussé.

LA REINE, embarrassée.

Le verrou ?...

RICHELIEU.

Oui. Alors, c'est bien le verrou, n'est-ce pas ? Il paraît que c'est un nouvel instrument qui a été inventé pendant que j'étais en Allemagne... Je n'ai pas voulu croire le roi ; je lui ai dit : « Oh ! sire, un verrou pour Votre Majesté ! » Alors, le roi m'a répondu : « C'est comme je vous le dis, mon cher duc, et, si vous en doutez, allez-y voir vous-même. »

LA REINE.

Monsieur !

RICHELIEU.

Alors, je suis venu, me regardant comme suffisamment autorisé ; mais je proteste à Votre Majesté que, malgré l'affirmation du roi, mon doute subsiste ; et, à moins que je ne voie par moi-même le verrou en question...

LA REINE.

Mais que faites-vous donc, monsieur ?

RICHELIEU, allant à la porte de la chambre à coucher.

Ah ! par ma foi, oui !... Ah ! voilà donc ce qu'on appelle un verrou ? C'est un instrument fort ingénieux, mais après dix ans de mariage... (Le dévissant avec la pointe de son épée, qu'il casse.) Un véritable verrou ! fort coquet, fort élégant, mais qui n'en est pas moins un verrou. (L'apportant sur sa main.) Par ma foi, le voilà, et...

LA REINE.

Comment, le voilà ?

RICHELIEU.

En personne ! Il m'est resté dans la main ; je le porterai demain au roi pour fermer la grande porte de la Bastille.

(Le Duc salue respectueusement et sort.)

LA REINE, s'asseyant dans un fauteuil.

Ah ! Louis ! Louis ! si vous saviez comme je vous aime !... (On entend gratter à la porte du corridor du Roi. La porte s'entr'ouvre doucement. La Reine se lève.) Le roi !...

SCÈNE XV

Les Mêmes, LE ROI.

RICHELIEU, de la porte du fond, dont il tient les battants.
Que Votre Majesté dise encore que je suis son ennemi
(Le Duc ferme la porte du fond. Au même instant, le Roi paraît à gauche.)

LE ROI.

Marie!...

LA REINE.

Mon roi!... mon maître!...

(Elle lui ouvre ses bras.)

FIN DU VERROU DE LA REINE

L'INVITATION
A LA VALSE

COMÉDIE EN UN ACTE

Gymnase-Dramatique. — 3 août 1857.

DISTRIBUTION

MAURICE, capitaine de spahis.............	MM.	Dupuis.
DE SOR, avocat..........................		Landrol.
PIERRE.................................		Numa fils.
JEAN...................................		Bordier.
Un Accordeur............................		Antonin.
Un Horloger.............................		Louis.
MADAME D'IVRY..........................	Mlles	Delphine Marquet.
MATHILDE...............................		Delaporte.
ROSE...................................		Constance.

Un boudoir élégant chez madame d'Ivry. A gauche, un piano; à droite, une cheminée; au fond, une porte; deux portes latérales.

SCÈNE PREMIÈRE

PIERRE, JEAN, L'Accordeur, puis ROSE.

Au lever du rideau, tout le monde paraît extrêmement affairé. Jean est monté sur une chaise et met des bougies dans un lustre; Pierre garnit les candélabres de la cheminée; un Accordeur est au piano.

PIERRE, appelant.
Mademoiselle Rose! mademoiselle Rose!

ROSE, entrant.
Qu'y a-t-il, monsieur Pierre?...

PIERRE.

Sauf votre respect, il manque trois bougies pour le lustre, deux bougies pour les candélabres.

ROSE.

Les voilà, monsieur Pierre; mais n'en demandez plus, il n'y en a plus.

L'ACCORDEUR, faisant résonner le piano.

Dzing!...

SCÈNE II

Les Mêmes, MATHILDE.

MATHILDE, entrant vivement.

Eh bien, Rose, les fleurs, les fleurs!...

ROSE.

Pardon, mademoiselle, je ne savais pas s'il fallait les couper dans le jardin ou les aller prendre dans la serre. Que mademoiselle donne ses ordres.

MATHILDE.

Non, j'y vais moi-même. (Appelant.) Pierre! Pierre!

PIERRE, qui était sorti, rentrant.

Mademoiselle appelle?

MATHILDE.

Oui.

PIERRE.

Sauf votre respect, mademoiselle, j'étais allé...

MATHILDE.

Très-bien, Pierre, très-bien. Si M. de Sor vient, prévenez ma sœur.

PIERRE.

Comme d'habitude.

MATHILDE, riant.

Plus encore que d'habitude. (Elle va à l'Accordeur, lui met la main sur l'épaule. L'Accordeur se lève, répond au sourire de Mathilde par un salut respectueux, et se rassied en faisant résonner sa corde.)

L'ACCORDEUR.

Dzing!...

(Mathilde sort.)

SCÈNE III

Les Mêmes, hors MATHILDE.

On sonne.

JEAN.

Bon! voilà que l'on sonne.

ROSE.

Allez ouvrir, Pierre. (Pierre sort.) C'est sans doute M. de Sor.

JEAN.

C'est son heure, en effet, sept heures; il sonne toujours en même temps que la pendule.

ROSE.

Seulement, la pendule se dérange; lui jamais.

JEAN.

C'est ce qui vous trompe : autrefois, il n'arrivait qu'à huit heures; maintenant, il arrive à sept.

ROSE.

Eh bien, depuis un an, il a avancé d'une heure, voilà tout. Pour un amoureux, c'est bien raisonnable.

L'ACCORDEUR.

Dzing!...

SCÈNE IV

Les Mêmes, PIERRE, introduisant DE SOR.

PIERRE.

Entrez, monsieur! madame est...

DE SOR.

A sa toilette, je le sais.

PIERRE.

Madame ne sera visible qu'à...

DE SOR.

Huit heures, je le sais encore.

PIERRE.

Madame m'a dit de prier monsieur...

DE SOR.

De l'attendre, je sais cela toujours. Voilà cinq ans, mon cher ami, que vous me faites les mêmes observations, et que je vous fais les mêmes réponses.

PIERRE.

Oui ; mais, sauf votre respect, ce que monsieur ne sait pas, c'est qu'aujourd'hui madame a dit de la prévenir dès que monsieur serait arrivé.

DE SOR.

Ah ! bah !

PIERRE.

C'est comme j'ai l'honneur de le dire à monsieur.

L'ACCORDEUR.

Dzing !

(Pierre sort. Rose et Jean sont déjà sortis. De Sor et l'Accordeur se trouvent seuls.)

SCÈNE V

DE SOR, L'ACCORDEUR.

DE SOR.

Que diable se passe-t-il donc ici ? Il faut qu'il y ait quelque révolution céans ! Des bougies dans tous les candélabres, des vases préparés pour les fleurs, un air de fête sur tous les visages, madame d'Ivry qui donne l'ordre de la prévenir quand j'arriverai...

L'ACCORDEUR.

Dzing !...

DE SOR.

Et le piano que l'on accorde ! Le seul piano inoffensif que j'aie jamais connu, et dont le silence me faisait chérir cette maison. Depuis cinq ans que j'y viens, c'est là la première fois que je le vois ouvert et que je l'entends parler. Il était si commode, quand il était fermé, pour y poser les chapeaux et y accoter les cannes !

L'ACCORDEUR, tout à sa besogne.

Dzing !...

DE SOR.

Mettons-nous au courant des événements qui ont pu se passer ici depuis hier au soir. (S'approchant de l'Accordeur.) Monsieur ! (L'Accordeur ne répond pas.) Monsieur...

L'ACCORDEUR.

Dzing !...

DE SOR.

Il paraît que le brave homme est absorbé dans sa mélodie... (Plus haut.) Monsieur!... (Même silence ; il lui touche l'épaule. L'Accordeur se lève, salue et se remet à son instrument.) Monsieur!... (L'Accordeur lui fait signe qu'il est sourd.) Ah ! il est sourd! Bonne précaution pour l'état qu'il exerce!... Je savais bien que tout aveugle est musicien de naissance; mais j'ignorais que les sourds jouissent du même privilége. Il est vrai que Beethoven était sourd; mais il était compositeur et non accordeur. Il s'agit simplement de parler un peu plus haut, voilà tout.

L'ACCORDEUR.

Dzing!...

DE SOR, très-haut.

Monsieur, que vous a donc fait ce malheureux instrument pour le tourmenter ainsi?... (L'Accordeur fait signe qu'il entend.) Ah! ah! vous m'entendez.... Eh bien, répondez-moi, alors. (L'Accordeur fait signe qu'il est muet.) Muet?... Ah! ah! vous cumulez, à ce qu'il paraît. Eh bien, voilà un homme que l'on peut introduire sans crainte dans le sein des familles.

SCÈNE VI

Les Mêmes, un Horloger.

L'HORLOGER, à de Sor, tout en allant droit à la pendule.

Vous m'excusez, n'est-ce pas, monsieur?

DE SOR.

Volontiers; mais de quoi?...

L'HORLOGER.

Je suis l'horloger de la maison.

DE SOR.

Et vous venez?...

L'HORLOGER.

Régler la pendule, s'il vous plaît, monsieur.

DE SOR.

Certainement que cela me plaît; je suis de l'avis de Charles-Quint : j'aime les pendules bien réglées. (Tirant sa montre.) Mais il me semble que celle-ci va à la minute.

L'HORLOGER.

Parce que la montre de monsieur est sans doute réglée sur la Bourse ou sur le Palais...

DE SOR.

Sur le Palais, je suis avocat.

L'ACCORDEUR.

Dzing !...

L'HORLOGER.

Madame d'Ivry désire que sa pendule soit réglée sur le chemin de fer... et vous savez, monsieur, que les chemins de fer avancent toujours de sept à huit minutes.

DE SOR.

Et sur quel chemin de fer, monsieur, s'il vous plait?

L'HORLOGER.

Sur celui de Lyon.

DE SOR.

Quelle singulière idée !

L'ACCORDEUR.

Dzing !...

(Pause pendant laquelle l'Horloger, obligé de faire faire le tour du cadran à l'aiguille de la pendule, fait sonner les heures, tandis que l'Accordeur fait résonner ses cordes.

DE SOR.

Ah ! par ma foi ! je ne croyais pas être venu ici pour assister à un concert. (L'Accordeur, qui a fini, se lève, salue M. de Sor et s'en va.) Monsieur, votre très-humble... (L'Horloger, qui a fini, salue M. de Sor et s'en va.) Monsieur, votre serviteur...

(Pendant qu'ils sortent et que de Sor les regarde s'éloigner, Mathilde entre.)

SCÈNE VII

Les Mêmes, MATHILDE.

MATHILDE, sans voir M. de Sor. Elle a des fleurs dans les mains.

Rose !... Rose !...

DE SOR.

Oh ! chère Mathilde !...

MATHILDE.

M. de Sor !

DE SOR.

Eh bien, oui, M. de Sor. Je commence à m'effrayer, savez-

vous? Me serais-je trompé de porte, par hasard, et serais-je chez une fausse madame d'Ivry?
MATHILDE.
Non, rassurez-vous, vous êtes chez la vraie.
DE SOR.
Alors, chère enfant, faites-moi la grâce de me dire ce qui se passe ici.
ROSE, entrant.
Mademoiselle m'a appelée?
MATHILDE, à de Sor.
Attendez. (A Rose.) Disposez ces fleurs. (A elle-même.) Ce qui se passe ici, pauvre garçon ! j'aimerais cependant autant qu'il l'apprît par une autre que moi, d'autant plus qu'il me semble que cela regarde ma sœur.
DE SOR.
Eh bien, j'attends.
MATHILDE, qui vient de trouver ce qu'elle doit répondre.
Ah ! vous me demandez ce qui se passe ici?
DE SOR.
Oui, si toutefois ce n'est pas une indiscrétion.
MATHILDE.
Aucunement... Vous ne savez donc pas?...
DE SOR.
Pas le moins du monde, jusqu'à présent, du moins.
MATHILDE.
C'est demain sa fête.
DE SOR.
A qui ?
MATHILDE.
Mais à ma sœur.
DE SOR.
Pardon, pardon... mais votre sœur s'appelle, de son nom de baptême, Antonine. Or, sauf votre respect, comme dit Pierre... Antonine, venant d'Antoine, et la Saint-Antoine étant le 13 juin...
MATHILDE.
C'est vrai; mais ma sœur s'appelle Antonine-Edmée, et, sauf votre respect, de même qu'Antonine vient d'Antoine, ce qui est discutable, car enfin, cela pourrait venir d'Antonin, Edmée vient incontestablement d'Edmond, et, la Saint-Edmond étant demain...

DE SOR.

Et c'est madame d'Ivry qui a fait ce changement.

MATHILDE.

Elle-même.

DE SOR.

Mais saint Antoine va être furieux!

MATHILDE.

Vous tenez à saint Antoine?

DE SOR.

Que voulez-vous! je ne puis pas admettre que madame d'Ivry porte le nom d'un païen, fût-ce celui d'Antonin le Pieux.

MATHILDE.

Chut!... voici ma sœur; ne lui dites rien : c'est une surprise que nous lui faisons.

DE SOR.

Ah! ah! la surprise pourrait être un peu plus secrète. Mais n'importe, je me tairai.

SCÈNE VIII

Les Mêmes, MADAME D'IVRY.

MADAME D'IVRY, tendant à de Sor une main que celui-ci baise respectueusement.

Bonjour, cher maître!

DE SOR.

Madame...

MADAME D'IVRY.

Vous permettez que je dise un mot à Mathilde, n'est-ce pas?...

DE SOR.

Comment donc!

(Madame d'Ivry va à Mathilde et lui parle tout bas. Mathilde répond tout bas aussi. De Sor les regarde.)

MADAME D'IVRY, haut.

Vraiment?

MATHILDE, de même.

Oui.

MADAME D'IVRY.

Mais, alors...

(Elle parle bas à Mathilde.)

MATHILDE, haut.

A l'instant même.

MADAME D'IVRY, de même.

Et moi qui...

(Elle parle bas.)

MATHILDE, haut.

En ce cas, il n'y a pas une minute à perdre.

MADAME D'IVRY, de même.

Je crois bien !

MATHILDE, de même.

Alors, je cours...

(Elle sort par la porte à droite.)

MADAME D'IVRY.

Et moi, de mon côté... (A de Sor.) Vous m'excusez, n'est-ce pas?

(Elle sort par la porte du fond. Les deux sorties doivent être vives.)

SCÈNE IX

DE SOR, seul.

Certainement que j'excuse, puisque je ne puis faire autrement. J'avoue cependant que je voudrais bien avoir la clef de tout ce remue-ménage... Peut-être serait-il discret à moi de me retirer... Mais, dans la situation, ce serait refuser le combat. Attendons, et munissons-nous d'une arme quelconque. (Il prend un journal.) Les *Petites Affiches*. On ne m'accusera pas d'avoir choisi une arme offensive.

SCÈNE X

DE SOR, MADAME D'IVRY.

MADAME D'IVRY.

Vous lisiez?

DE SOR.

C'est-à-dire que j'étais absorbé dans ma lecture, comme vous voyez.

MADAME D'IVRY.

Et que lisiez-vous?

DE SOR.

Les *Petites Affiches.*

MADAME D'IVRY.

Connaissez-vous une jolie maison de campagne à louer?

DE SOR.

Je ne connais qu'une chaumière.

MADAME D'IVRY.

Et un cœur.

DE SOR.

Seulement, le cœur n'est point à louer : il est à prendre.

MADAME D'IVRY.

Depuis combien de temps?

DE SOR.

Depuis cinq ans... Hélas !

MADAME D'IVRY, pensive.

Cinq ans!... il y a déjà cinq ans?

DE SOR.

Cela vous paraît court, à vous.

MADAME D'IVRY.

Non... Mais savez-vous que cela me vieillit fort? (Elle soupire.) Il y a cinq ans!...

DE SOR.

Eh bien?

MADAME D'IVRY.

J'étais jeune.

DE SOR.

Croyez-moi si vous voulez, mais vous êtes bien plus jeune aujourd'hui.

MADAME D'IVRY.

Combien vous faut-il pour ce compliment-là?

DE SOR.

Oh! ne vous mettez pas à me payer mes compliments, je vous ruinerais...

MADAME D'IVRY.

Et votre peu de succès, depuis cinq ans, ne vous décourage pas?

DE SOR.

Chère amie, je suis comme les joueurs qui, immédiatement après le plaisir de gagner, mettent celui de perdre.

MADAME D'IVRY.
Savez-vous que vous pouvez perdre pendant cinq ans encore?...
DE SOR.
Mon amour est assez grand pour en courir la chance.
MADAME D'IVRY.
Mais, dix ans! c'est la durée du siége de Troie!
DE SOR.
Prenez garde! vous allez me donner de l'espoir... La dixième année, Troie s'est rendue... Prenons date, et dites-moi le quantième du mois.
MADAME D'IVRY.
Le quantième du mois?... Est-ce que je sais cela, moi? C'est comme si je vous demandais d'où vient le vent...
DE SOR.
Je vous dirais qu'il vient du sud-est....de l'Italie, de Florence... de Florence, où je vous ai vue pour la première fois; c'était le 15 mai 1842.
MADAME D'IVRY.
Et nous sommes aujourd'hui...?
DE SOR.
Le 29 novembre 1847.
MADAME D'IVRY.
Quelle mémoire!
DE SOR.
Il faut bien que j'en aie pour nous deux.
MADAME D'IVRY.
Allons, je vois qu'il est miséricordieux de vous ôter tout espoir...
DE SOR.
Je vous préviens que vous aurez beau faire, vous n'y parviendrez pas.
MADAME D'IVRY.
Quel esprit entêté!...
DE SOR.
Ce n'est point l'esprit que j'ai en tête, c'est le cœur.
MADAME D'IVRY.
Cependant, mon pauvre ami, si je vous dis...
DE SOR.
Oh! dites ce que vous voudrez.

MADAME D'IVRY.

Si je vous dis que Maurice...

DE SOR.

Ah! bon!... nous allons parler du capitaine; car je crois qu'il est capitaine, ce monsieur?

MADAME D'IVRY.

De la dernière promotion... Je vous ai envoyé *le Moniteur*...

DE SOR.

Et j'ai été on ne peut plus sensible à l'attention... Maudit capitaine!...

MADAME D'IVRY.

Comment, maudit capitaine?

DE SOR.

Sans doute, puisque c'est officiel, je n'hésite plus à lui donner son titre... Je répète donc : maudit capitaine!

MADAME D'IVRY.

Que vous a-t-il fait? Voyons...

DE SOR.

Comment, ce qu'il m'a fait? Il m'a pris votre cœur!

MADAME D'IVRY.

Il ne vous a rien pris du tout, puisque je l'aime depuis sept ans, tandis que vous...

DE SOR.

Oh! achevez!

MADAME D'IVRY.

Tandis que vous, il n'y a que cinq ans que je ne vous aime pas... Vous n'avez donc aucune raison de le haïr.

DE SOR.

Je hais naturellement les gens de guerre.

MADAME D'IVRY.

Jalousie de métier.

DE SOR.

Oh! par exemple! moi, avocat... c'est-à-dire homme de paix par excellence...

MADAME D'IVRY.

Vous homme de paix?... vous qui ne cherchez qu'à faire guerroyer les familles?

DE SOR.

Que voulez-vous! il faut bien que tout le monde vive

MADAME D'IVRY.
Alors, laissez vivre mon capitaine.
DE SOR.
Non.
MADAME D'IVRY.
Pourquoi?
DE SOR.
Parce qu'il est indigne de vivre.
MADAME D'IVRY.
Attendu?...
DE SOR.
Attendu que, depuis cinq ans, il me fait mourir.
MADAME D'IVRY.
A petit feu?
DE SOR.
A petit feu ou à grand feu; qu'importe le genre de mort, du moment que l'on meurt!
MADAME D'IVRY.
Convenez que, pour un homme qui meurt depuis cinq ans, vous avez assez bonne mine.
DE SOR.
C'est mon ombre qui a cette mine-là, ce n'est pas moi.
MADAME D'IVRY.
Comment, ce n'est pas vous?
DE SOR.
Non, je n'y suis pour rien.
MADAME D'IVRY.
Eh bien, je consens à vous croire et vous permets de mourir ainsi pour moi aussi longtemps que vous voudrez, à la condition que vous me laisserez vivre pour lui.
DE SOR.
Jamais!
MADAME D'IVRY.
Comment, jamais? Il faudra pourtant vous y accoutumer.
DE SOR.
Donnez-moi du temps, au moins.
MADAME D'IVRY.
Jusqu'ici, j'ai été de bonne composition, vous l'avouerez.
DE SOR.
Je crois bien! vous êtes le débiteur et je suis le créancier... Du temps, je le répète... Je veux du temps.

MADAME D'IVRY.

Impossible!

DE SOR.

Voyons, expliquez-vous.

MADAME D'IVRY.

Je n'ose.

DE SOR.

Antonine, vous m'effrayez!

MADAME D'IVRY.

Du courage!

DE SOR.

Il est arrivé?

MADAME D'IVRY.

Non; mais, si je vous disais qu'il arrive demain, que répondriez-vous?

DE SOR.

Rien. Seulement, je profiterais de la nuit.

MADAME D'IVRY.

Pour quoi faire?

DE SOR.

Pour mourir de douleur.

MADAME D'IVRY.

Alors, à partir de demain matin, vous êtes un homme mort.

DE SOR.

Ah! voilà donc pourquoi on mettait des bougies dans les candélabres! voilà donc pourquoi on mettait des fleurs dans les potiches! voilà donc pourquoi on mettait la pendule à l'heure du chemin de fer de Lyon! voilà donc pourquoi on mettait le piano d'acord! Jouerait-il du piano, par hasard, votre capitaine?

MADAME D'IVRY.

Il y est de première force.

DE SOR.

Il ne lui manquait plus que cela! Je le détestais, je l'exècre... Adieu, madame.

MADAME D'IVRY.

Où allez-vous?

DE SOR.

Devant moi, jusqu'à la rivière... Après? Je ne saurais vous le dire.

(Il s'avance vers la porte.)

MADAME D'IVRY.

Paul !

DE SOR, s'arrêtant.

Allons, bon ! voilà que vous m'appelez pour la première fois par mon petit nom.

MADAME D'IVRY, souriant.

Mon ami, si vous êtes véritablement déterminé à mourir...

DE SOR.

Je le suis.

MADAME D'IVRY.

En ce cas, l'heure de votre trépas doit vous être indifférente, et vous ne me refuserez pas de passer avec moi vos derniers moments.

DE SOR, se rasseyant.

Oh ! Antonine !

MADAME D'IVRY.

Il n'arrive que demain.

DE SOR.

Le matin ou le soir ?

MADAME D'IVRY.

Le matin... C'est l'heure à laquelle vous ne venez jamais, que vous importe ?

DE SOR fait un mouvement pour se lever.

Non !

MADAME D'IVRY.

Voyons, si vous m'aimez...

DE SOR.

Si je vous aime !

MADAME D'IVRY.

Restez... Un homme qui va entreprendre un voyage de long cours a besoin de toutes ses forces.

DE SOR.

Vous plaisantez, Antonine.

MADAME D'IVRY.

Mais, sans doute, je plaisante.

DE SOR.

Avec ma mort !

MADAME D'IVRY.

Vous savez que je n'en crois pas un mot, de votre mort.

DE SOR.

Eh bien, demain, vous y croirez, Antonine.

MADAME D'IVRY.

Je vous préviens que, si vous me faites un tour pareil, je ne vous revois de ma vie. Voyons, causons raison, mon ami.

DE SOR.

La belle proposition à faire à un homme que l'on rend fou.

MADAME D'IVRY.

Asseyez-vous là...

DE SOR.

Je ne m'assieds pas, je tombe.

MADAME D'IVRY.

Soit. Maintenant, puisque vous avez si bonne mémoire... rappelez-vous le passé.

DE SOR.

Ah ! madame, si vous saviez le latin !

MADAME D'IVRY.

Que me diriez-vous ?

DE SOR.

Je vous dirais : *Infandum, regina...* Vous ne savez peut-être pas le latin ?...

MADAME D'IVRY.

Vous me rappeliez tout à l'heure le jour où vous m'avez vue pour la première fois. Qu'étais-je alors pour vous ?

DE SOR.

Vous étiez, comme aujourd'hui, la plus adorable de toutes les femmes.

MADAME D'IVRY.

Je vous préviens que, si vous me faites encore un compliment, un seul, entendez-vous bien ? je vous envoie à la rivière... Eh bien, lorsque je vous vis pour la première fois, j'étais mariée, n'est-ce pas ?

DE SOR.

Hélas ! oui.

MADAME D'IVRY.

Mon mari, qui m'avait épousée malgré moi, à l'âge de seize ans, avait trouvé plaisant de faire je ne sais quel procès à mon père pour le remercier d'avoir forcé mon inclination. Vous vous trouvâtes là, juste à point, pour envenimer la querelle et pour enflammer les combattants.

DE SOR.

Que voulez-vous, madame! je vous aimais déjà.

MADAME D'IVRY.

Ces malheureux avocats! ils ont réponse à tout. Vous fîtes la conquête de mon père, et, grâce à vous, au bout de six mois, j'étais séparée de corps et de biens de M. d'Ivry.

DE SOR.

Et vous m'en voulez pour cela?

MADAME D'IVRY.

Au contraire. Je vous en ai une reconnaissance qui ne s'éteindra qu'avec votre vie. Voilà pourquoi je veux que vous la prolongiez de quelques instants encore.

DE SOR.

Oh! Antonine, pouvez-vous me torturer si cruellement!

MADAME D'IVRY.

Bon! voilà que je le torture, à présent!... Mais on ne sait par où vous toucher. Comment! je veux faire défiler devant vous, comme ces riants paysages de l'Arno, au milieu desquels vous m'avez vue pour la première fois, les plus belles fleurs de ma jeunesse; je vous rappelle les premières heures de joie que vous m'avez données, heures dont j'ai gardé le plus reconnaissant souvenir, et vous appelez cela une cruelle torture! Tenez, vous êtes un ingrat, un esprit chagrin, mi-mourant, maussade; allez-vous-en à la rivière!

DE SOR.

Continuez, Antonine; et ne parlez pas avec une pareille légèreté d'un sujet qui me brise le cœur.

MADAME D'IVRY.

Alors, tenez-vous bien... Sur votre demande, je passe au sérieux. J'ai été élevée, vous le savez, avec mon cousin Maurice. Nous sommes du même âge, à peu près. Il a, je crois, un an ou deux de plus que moi, voilà tout. Dès notre enfance, nous nous aimions, et mon père m'eût laissée devenir sa femme, s'il n'eût trouvé que Maurice était trop jeune pour moi...

DE SOR.

C'était un homme de grand sens que monsieur votre

pere. Il faut qu'un mari ait au moins dix ans de plus que sa femme.

MADAME D'IVRY.

C'est justement l'affaire de Maurice.

DE SOR.

Comment! à l'instant même, vous venez de me dire qu'il n'avait qu'un an ou deux de plus que vous.

MADAME D'IVRY.

Lorsqu'il est parti pour l'Algérie... Mais voilà cinq ans qu'il y est, et vous savez que les années de campagne comptent double.

DE SOR.

C'est vous qui avez réponse à tout. Seulement, vos réponses sont mauvaises.

MADAME D'IVRY.

Vous parlez de désespoir : c'était Maurice qu'il fallait voir lorsqu'il dut renoncer à moi ! Il voulait se tuer.

DE SOR.

Et moi, que voulais-je donc faire tout à l'heure ?

MADAME D'IVRY.

Eh bien, il ne se tua pas, et fit bien, comme vous voyez Il entra à Saint-Cyr, et, deux ans après, partit pour l'Afrique. Pendant tout le temps que vécut M. d'Ivry, même après notre séparation, vous savez, vous qui ne m'avez pas perdue de vue un seul instant, si j'ai observé les strictes lois de la fidélité conjugale.

DE SOR.

Oh! vous avez bien écrit de temps en temps à M. Maurice que vous l'aimiez.

MADAME D'IVRY.

Vous me croirez si vous voulez, mon ami, je vous certifie que Maurice n'a jamais reçu d'autre lettre de moi que celle où je lui annonçais la mort de mon mari, et où je lui disais de revenir dans un an. Sans cette lettre, il ne connaîtrait pas même mon écriture.

DE SOR.

Vraiment! et, pendant ces sept années, vous n'avez pas eu de ses nouvelles?

MADAME D'IVRY.

Oh! si je disais cela, je mentirais, et je ne veux pas men-

tir. Mathilde, qu'il appelle sa petite sœur, était en correspondance avec lui, et m'en donnait, de ses nouvelles.
DE SOR.
Voyez-vous, ce petit serpent!
MADAME D'IVRY.
Eh bien, tout cela, que je vous ai dit, ou à peu près, le jour même où vous m'avez parlé de votre amour, je vous le répète aujourd'hui, et j'ajoute que je vous aime autant qu'on peut aimer un homme...
DE SOR.
Que l'on n'aime pas.
MADAME D'IVRY.
Mais que l'on estime à ce point qu'on voudrait trouver l'occasion de se jeter au feu pour lui!...
DE SOR.
Comment faut-il donc être pour être aimé de vous?
MADAME D'IVRY.
Comme est Maurice.
DE SOR.
Et comment est M. Maurice?
MADAME D'IVRY.
Maurice a vingt-quatre ans; il est blond, mince, pâle, doux, poétique. Je me rappelle qu'un jour, il s'était habillé d'une de mes robes, et avait l'air d'un enfant.
DE SOR.
Allons, je vois bien que je ne saurais lutter contre tant d'avantages.
MADAME D'IVRY.
Eh! mon Dieu, ce n'est point cela; mais vous connaissez l'influence des premiers souvenirs. Est-ce ma faute, cher ami, si, dans ce capitaine que vous maudissez, je vois, moi, le frère de mon enfance, le compagnon de ma jeunesse?... Hélas! on ne fait qu'un rêve dans sa vie.
DE SOR.
A qui le dites-vous!
MADAME D'IVRY.
Eh bien, est-ce ma faute, mon ami, si, quand je prononce le nom de Maurice, tout tressaille en moi? est-ce ma faute si le passé déroule devant mes yeux ses images roses? est-ce ma faute si je revois, seule et en imagination, les objets que j'ai vus avec lui en réalité? C'est le petit enclos de Normandie où

nos pères, fils alors, s'arrêtaient au milieu de leurs jeux pour écouter l'écho de nos grandes batailles ; c'est le pommier d'avril, dont le vent du sud éparpillait les fleurs étoilées qui retombaient en neige sur nos têtes ; c'est le ruisseau traversant la prairie tout bordé d'une frange de myosotis et de pâquerettes, et apprenant à ses rives le murmure dont la source, sa mère, l'avait bercé ; c'est le village natal, avec sa cloche sonore, qui nous appelle trois fois dans notre vie, au baptême, au mariage et au tombeau ; c'est enfin tout ce que l'on a vu, entendu, respiré, senti, aimé, espéré ensemble. Voilà ce que rappelle un compagnon d'enfance, mon pauvre ami ; voilà ce que vous me demandez d'oublier.

DE SOR.

Oui, je comprends que c'est impossible.

MADAME D'IVRY.

Et remarquez qu'en parlant de Maurice, je n'ai fait qu'effleurer ses qualités.

DE SOR.

Merci !

MADAME D'IVRY.

Quand vous le verrez, vous lui rendrez justice.

DE SOR.

C'est possible.

MADAME D'IVRY.

Je dis plus : quand vous le connaîtrez, vous l'aimerez.

DE SOR.

Oh ! pour cela, jamais !

MADAME D'IVRY.

Si, car vous aimez les poëtes.

DE SOR.

Moi ?

MADAME D'IVRY.

Vous êtes poëte vous-même, sans en avoir l'air.

DE SOR.

Bon ! il ne vous manque plus que de me calomnier.

MADAME D'IVRY.

Eh bien, vous verrez en lui un vrai poëte, un véritable héros de roman, un chevalier de ballade, un prince des contes de fées, et, par-dessus tout, un musicien achevé.

DE SOR.

Vraiment !

MADAME D'IVRY.

C'est lui qui m'a initiée aux mystères de la grande musique. Jamais je n'eusse trouvé seule le secret des œuvres de Beethoven, de Mozart, de Weber, d'Haydn : la musique est une langue comme une autre.

DE SOR.

Plus belle qu'une autre; seulement, il y a tant de gens qui l'écorchent.

MADAME D'IVRY.

Tenez, un morceau qui nous était sympathique entre tous, c'était *l'Invitation à la valse,* de Weber... C'était tout un poëme dont chaque note avait pour nous l'harmonie d'une parole d'amour. Maurice arrivait d'habitude à cette heure-ci, j'étais au piano... l'attendant. (Elle se lève et va au piano.) Je laissais errer machinalement mes doigts sur le clavier en pensant à lui; bientôt, après quelque accords, pareils à une volée d'oiseaux, les premières notes s'échappaient de mes doigts... (Elle continue en sourdine.) Quand j'en étais à cette phrase, il arrivait sans bruit.

SCÈNE XI

Les Mêmes, MAURICE, en officier, apparaît au fond, conduit par PIERRE, qu'il renvoie.

MADAME D'IVRY, continuant.

Il faisait quelques pas derrière moi; je ne le voyais pas, je ne l'entendais pas, mais je le sentais venir. (L'Officier s'avance silencieusement.) Quand je frappais cet accord, il était juste à mes côtés... Alors, il approchait son visage de ma tête... Je sentais son souffle frissonner dans mes cheveux, et, avec une voix d'une douceur angélique, il murmurait : « Antonine! chère Antonine! »

MAURICE, qui a suivi les indications de madame d'Ivry, dit, mais avec une voix de basse-taille.

Antonine! chère Antonine!

MADAME D'IVRY, effrayée.

Ah! mon Dieu!

(Elle se recule.)

MAURICE, la retenant dans ses bras.

Antonine!

MADAME D'IVRY, voyant les moustaches et la figure hâlée de Maurice.
Au secours !

MAURICE.
Comment, au secours ? Mais c'est moi !

MADAME D'IVRY.
Vous ! qui vous ?

MAURICE.
Moi, Maurice ; vous ne me reconnaissez pas ?

MADAME D'IVRY.
Oh ! excusez-moi, mon ami ! si fait, je vous reconnais ; mais vous êtes... tant... vous êtes si...

MAURICE.
Achevez...

MADAME D'IVRY.
Non, rien... Je voulais dire que je ne vous attendais que demain.

MAURICE.
Oui, chère amie, je vous l'avais écrit ainsi, c'est vrai ; mais les vents et les flots ont été d'accord avec mon amour. J'ai fait la traversée en cinquante heures ; de sorte que j'ai pu prendre le chemin de fer de onze heures du soir, au lieu de celui de sept heures du matin. (Il déboucle son sabre et le pose avec son képy sur un fauteuil.) Là ! maintenant, laissez-moi vous regarder.

DE SOR, s'avançant.
Pardon, monsieur, mais permettez-moi d'abord de prendre congé de madame ; moi parti, vous aurez le loisir de la regarder tout à votre aise...

MAURICE.
Ah ! monsieur, c'est à moi de vous demander pardon. J'étais si préoccupé de ma belle cousine, que je ne vous avais pas vu.

DE SOR.
Si vous saviez comme je comprends cela, et comme je vous pardonne !

MADAME D'IVRY, avec une certaine crainte.
Vous vous retirez, mon ami ?

DE SOR.
Dame, je le demande à vous-même, que voulez-vous que je fasse là ?... Adieu, Antonine. (Bas.) Je vous laisse avec le

héros de roman, avec le chevalier de la ballade, avec le prince des contes de fées.

MADAME D'IVRY, honteuse.

Et... vous reverra-t-on demain?

DE SOR.

Il y a dix minutes, je vous eusse dit *non*.

MADAME D'IVRY.

Et maintenant?

DE SOR.

Je dis *peut-être*. (Fausse sortie.) A propos, si vous avez besoin de moi pour une consultation quelconque, vous savez qu'à quelque heure que ce soit, madame, je suis à votre disposition.

(Il sort.)

SCÈNE XII

MAURICE, MADAME D'IVRY.

MAURICE, regardant s'éloigner M. de Sor.

Quel est donc ce monsieur qui s'éloigne avec un air tout contrarié, chère Antonine?

MADAME D'IVRY.

C'est M. de Sor.

MAURICE.

Qu'est-ce que c'est que cela, M. de Sor?

MADAME D'IVRY.

Vous demandez ce que c'est que M. de Sor?

MAURICE.

Sans doute.

MADAME D'IVRY.

Comment! vous ne connaissez pas un de nos plus célèbres avocats?

MAURICE.

Vous le savez, chère Antonine, nous autres officiers, nous avons peu de sympathie pour ces messieurs.

MADAME D'IVRY.

Allons, il paraît que c'est réciproque. Eh bien, pour vous faire, en faveur de celui-là du moins, renoncer à vos préjugés, je n'aurai qu'un mot à dire.

MAURICE.

Dites.

MADAME D'IVRY.

C'est le conseil qui m'a dirigée dans mon procès en séparation avec M. d'Ivry.

MAURICE.

Oh! le digne homme!

MADAME D'IVRY.

Est-ce tout ce que vous aviez de questions à me faire?

MAURICE.

Mais oui.

MADAME D'IVRY.

Alors, maintenant que votre curiosité est satisfaite, j'espère que vous allez me demander des nouvelles de ma santé.

MAURICE.

Chère cousine, votre santé, mais elle me paraît florissante.

MADAME D'IVRY.

C'est bien heureux!

MAURICE.

Savez-vous que vous êtes belle à ravir?

MADAME D'IVRY.

Oh! ne me dites pas cela; vous auriez l'air d'être l'écho de M. de Sor.

MAURICE.

Comment! M. de Sor vous dit que vous êtes belle?

MADAME D'IVRY.

Connaissez-vous un article du Code qui le lui défende?

MAURICE.

Mais je le lui défendrai, moi.

MADAME D'IVRY.

Oh! voyez-vous M. l'officier, avec son grand sabre!

MAURICE.

Je veux bien que tout le monde vous trouve belle, chère Antonine; mais je ne veux pas qu'on vous le dise.

MADAME D'IVRY.

Vous ne voulez pas?

MAURICE.

Non.

MADAME D'IVRY.

Il y a cependant quelqu'un qui me le dira malgré vous.

MAURICE.

Qui cela ?

MADAME D'IVRY.

Mon miroir.

MAURICE.

Seriez-vous coquette, Antonine ?

MADAME D'IVRY.

Non. Seulement, je crois que je l'ai toujours été un peu...

MAURICE.

Hum ! c'est drôle.

MADAME D'IVRY.

Quoi ?

MAURICE.

Rien. (Après une pause.) Savez-vous que je ne vous ai pas encore embrassée ?

MADAME D'IVRY.

Vous vous en apercevez ? Vous êtes bien bon, monsieur l'officier.

MAURICE, l'embrassant.

Chère Antonine !

MADAME D'IVRY.

Cher Maurice !

MAURICE.

Avouez que je suis arrivé au bon moment.

MADAME D'IVRY.

Vous l'avez entendu, je parlais de vous.

MAURICE.

Vous m'aimez donc toujours ?

MADAME D'IVRY.

Oh ! l'aimable question !

MAURICE.

Vous savez qu'il y a des questions que l'on ne fait que pour le plaisir d'entendre la réponse.

MADAME D'IVRY.

A la bonne heure ! voilà qui est galant.

MAURICE.

Ah çà ! mais vous croyez donc que l'on devient tout à fait sauvage là-bas ?

MADAME D'IVRY.

Oh ! tout à fait, non !

MAURICE.

Mais un peu.

MADAME D'IVRY.

C'est ce dont nous jugerons.

MAURICE.

Ce n'est point jugé déjà?

MADAME D'IVRY.

Non... Vous n'êtes encore que prévenu.

MAURICE.

Que faudra-t-il faire, chère cousine, pour reconquérir mon brevet d'homme civilisé?

MADAME D'IVRY.

Il faudra, d'abord et avant tout, raccourcir un peu cette barbe-là.

MAURICE.

Bon! moi qui en étais si fier! Savez-vous que j'ai la plus belle moustache de l'escadron?

MADAME D'IVRY.

Non, je ne le savais pas.

MAURICE.

Antonine, je crois que vous vous moquez un peu de moi.

MADAME D'IVRY.

Oh! par exemple!

(Elle le regarde et rit.)

MAURICE.

Eh bien, quoi?

MADAME D'IVRY.

Sans être trop curieuse, Maurice...

MAURICE.

Oh! dites.

MADAME D'IVRY.

Qu'avez-vous fait de cette charmante voix de ténor que je vous ai connue?

MAURICE.

Ah! chère cousine, ne me demandez pas de ses nouvelles.

MADAME D'IVRY.

Bon! et la raison?

MAURICE.

Parce que, au fur et à mesure que j'ai monté en grade, il m'a fallu la troquer, d'abord contre une voix de baryton, et

ensuite contre une voix de basse. Hélas! je suis passé de Mario à Tamburini et de Tamburini...
MADAME D'IVRY.
A Lablache! et pourquoi cela?
MAURICE.
Le moyen de crier : « Escadron, quatre par quatre, en avant ! » avec une voix de ténor !
MADAME D'IVRY.
Je comprends; eh bien, au lieu de chanter *la Somnambule*, nous chanterons *Don Pasquale*.
MAURICE.
Hélas! chère Antonine, je ne chante plus.
MADAME D'IVRY.
Vous ne chantez plus?
MAURICE.
Mais, pour chanter, il faut s'accompagner d'un instrument quelconque... et comment prendre un piano en croupe, dans une campagne de Kabylie ou de l'Atlas !
MADAME D'IVRY.
Vous avez toujours raison... Vous ne voulez pas essayer le nôtre? On vient justement de le mettre d'accord
MAURICE, lui prenant la main.
Chère Antonine!
MADAME D'IVRY.
Eh bien?
MAURICE.
L'offre est tentante; mais...
MADAME D'IVRY.
Mais?
MAURICE.
C'est que je ne sais comment vous dire...
MADAME D'IVRY.
Quoi?
MAURICE.
Ce que j'ai à vous dire, parbleu!
MADAME D'IVRY.
Bah !
MAURICE.
Ma foi, tant pis, je me risque, dût la chose achever de me déconsidérer dans votre esprit.

7.

MADAME D'IVRY.
Ah! mon Dieu, vous me faites trembler.
MAURICE.
Dans mon empressement à vous revoir...
MADAME D'IVRY.
Cela ne commence déjà pas si mal.
MAURICE.
Je n'ai pris que le temps de poser mon bagage à l'hôtel.
MADAME D'IVRY.
C'est très-bien, cela.
MAURICE.
Et je suis venu directement ici.
MADAME D'IVRY.
Tout cela n'est point si pénible à avouer, ce me semble.
MAURICE.
Oui, mais le reste!
MADAME D'IVRY.
Faites un effort.
MAURICE.
Eh bien, Antonine...
MADAME D'IVRY.
Eh bien, Maurice?
MAURICE.
Eh bien, littéralement, je meurs de faim.
MADAME D'IVRY.
Ah! par exemple! je ne m'attendais pas au dénoûment.
(Elle rit.)
MAURICE.
Vous trouvez cela risible, vous... vous, que j'ai vue pleurer sur les malheurs d'Ugolin? Eh bien, je vous déclare que la faim de ce digne citoyen de Florence n'était qu'un commencement d'appétit, comparée à la mienne.
MADAME D'IVRY.
En vérité, vous me faites peur.
MAURICE.
Je m'en suis déjà aperçu.
MADAME D'IVRY.
C'était un pressentiment. (Maurice veut lui prendre la main.) Non pas; vous ne m'approcherez que quand vous serez rassasié.

MAURICE.

Vous me quittez, Antonine?

MADAME D'IVRY.

Je vais donner des ordres pour que l'on vous serve, monsieur l'ogre.

(Elle sort.)

SCÈNE XIII

MAURICE, seul.

Allons, j'ai eu beau prendre toute sorte de précautions, je n'ai pas manqué mon effet... A mon départ de France, les femmes mangeaient déjà très-peu... auraient-elles, en mon absence, pris l'habitude de ne plus manger du tout? C'est étrange ! d'après sa correspondance, je ne me figurais pas le moins du monde Antonine telle qu'elle est. Comme sept ans changent une femme, mon Dieu !

SCÈNE XIV

MAURICE, MATHILDE.

MATHILDE, entr'ouvrant la porte.

Peut-on entrer?

MAURICE, se retournant et voyant Mathilde.

Certainement que l'on peut entrer.

MATHILDE.

Bonjour, Maurice !

MAURICE.

Oh ! la jolie enfant ! Qui cela peut-il être?

MATHILDE.

Comment ! vous ne me reconnaissez pas ? Votre sœur !

MAURICE.

Mathilde?

MATHILDE.

Oui, Mathilde.

MAURICE.

Comment ! que j'ai laissée grande comme cela?

MATHILDE.

Je le crois bien ! j'avais douze ans, quand vous êtes parti.

MAURICE.

Ah! chère Mathilde! (Se reprenant.) Mademoiselle... mille pardons!

MATHILDE.

Comment! vous ne m'embrassez pas?

MAURICE.

Si fait... pardon... je n'osais...

(Il l'embrasse timidement.)

MATHILDE.

Oh! vous ne m'aimez plus.

MAURICE, la serrant contre son cœur.

Chère enfant! pouvez-vous dire cela!

MATHILDE.

Vous seriez bien ingrat; car, moi, je vous aime toujours.

MAURICE.

Vraiment?

MATHILDE.

Laissez-moi vous regarder... Oh! comme vous êtes beau en uniforme, et comme les moustaches vous vont bien!...

MAURICE.

Par ma foi! je suis enchanté que ce soit votre avis.

MATHILDE.

Pourquoi cela?

MAURICE.

Parce que ce n'est pas celui de votre sœur.

MATHILDE.

Ma sœur?

MAURICE.

Veut que je coupe ma moustache... Condamnée à mort!...

MATHILDE.

Oh! quel dommage!

MAURICE.

Et puis... (avec une voix d'une extrême douceur) est-ce que vous trouvez que j'ai une voix effrayante, Mathilde?

MATHILDE.

Effrayante? Oh! non.

MAURICE.

Eh bien, en entendant ma voix, votre sœur s'est mise à crier au secours.

MATHILDE.

Quel conte me faites-vous là!

MAURICE.
Ce n'est pas un conte, c'est une histoire.

MATHILDE.
Vraiment... (Tout à coup.) Oh! et moi qui ne vous demande pas, après que vous avez fait cent vingt lieues en chemin de fer, si vous avez besoin de prendre quelque chose!... Mais vous devez mourir de faim, pauvre cher Maurice!

MAURICE.
C'est vous qui me le demandez?

MATHILDE.
Sans doute.

MAURICE.
De sorte que, si je mourais de faim en réalité, cela ne vous étonnerait pas?

MATHILDE.
Je trouverais cela bien naturel, au contraire! moi qui ai si bon appétit.

MAURICE.
Vous avez bon appétit?

MATHILDE.
Oui.

MAURICE.
Mathilde, vous êtes un ange : laissez-moi vous embrasser encore.

MATHILDE.
Oh! tant que vous voudrez.

MAURICE.
A la bonne heure! voilà une adorable personne. (La retenant sur son cœur.) Dis-moi, petite sœur!... car, autrefois, je vous tutoyais, mademoiselle!

MATHILDE.
Oh! je m'en souviens. Et cela m'a fait bien de la peine tout à l'heure, quand je me suis aperçue que vous ne me tutoyiez plus.

MAURICE.
Alors, tu permets?

MATHILDE.
Je crois bien!

MAURICE.
Eh bien, je voulais te demander une chose.

MATHILDE.

Laquelle?

MAURICE.

Crois-tu...? Mais il ne faut pas me répondre avec complaisance, ou crainte de me faire de la peine.

MATHILDE.

Dites.

MAURICE.

Crois-tu qu'Antonine m'aime toujours?

MATHILDE.

Oh! méchant!

MAURICE.

La! vraiment! autant qu'avant mon départ?

MATHILDE.

Davantage!

MAURICE.

C'est singulier.

MATHILDE.

Comment, c'est singulier?

MAURICE, avec un soupir.

Oui.

MATHILDE.

Ingrat! Il ne s'est point passé un jour où elle n'ait parlé de vous... pas une heure où elle n'y ait pensé.

MAURICE.

Vraiment!

MATHILDE.

Depuis qu'elle sait votre arrivée, elle est folle de joie.

MAURICE.

Tu es sûre?

MATHILDE.

Mais regarde donc autour de toi... Oh! pardon, pardon, Maurice!

MAURICE, se rapprochant d'elle.

Toi aussi, autrefois, ma petite Mathilde, tu me tutoyais.

MATHILDE.

Oh! oui, quand j'étais tout enfant; mais, aujourd'hui...

MAURICE.

Oui, aujourd'hui que tu es une grande personne...

MATHILDE.

Je n'oserais jamais... Que me disiez-vous donc?

MAURICE.
Le diable m'emporte si je m'en souviens !
MATHILDE.
Ah ! j'y suis, moi : vous doutiez de l'amour d'Antonine, et je vous disais : « Regardez autour de vous. »
MAURICE.
C'est-à-dire que vous me disiez: « Regarde autour de toi. »
MATHILDE.
Eh bien, soit ! D'ailleurs, si je ne te tutoyais plus, je serais obligée de me reprendre trop souvent.
MAURICE.
A la bonne heure !
MATHILDE.
Je disais donc : Regarde autour de toi, Maurice ! Vois ces candélabres, ces fleurs, ces bougies ; on te préparait une fête.
MAURICE.
Oui; et moi, je suis venu bêtement douze heures trop tôt, me jeter au milieu ce ces préparatifs. Décidément, petite sœur, c'est moi qui suis un idiot.

SCÈNE XV

Les Mêmes, MADAME D'IVRY.

MADAME D'IVRY.
Eh bien, voilà une jolie opinion que vous rapportez d'Afrique.
MATHILDE.
Ah ! c'est toi, sœur... Tu sais qu'il meurt de faim, ce pauvre Maurice...
MADAME D'IVRY.
Oui, je sais cela.
MATHILDE.
Eh bien, maintenant que tu es là pour lui tenir compagnie, je cours prévenir Rose.
MADAME D'IVRY.
Oh ! j'y ai pourvu, sois tranquille. (A Maurice.) Monsieur, si vous voulez passer dans la salle à manger, Votre Vaillance est servie.
MATHILDE.
Oh ! pas du tout... Dans la salle à manger, il mourra de

froid... Depuis le dîner, le feu s'est éteint. Je vais faire apporter la table ici... Ne te dérange, pas, Maurice.

MAURICE.

Chère petite!

MATHILDE, à sa sœur.

N'est-ce pas que c'est bon, de revoir les gens que l'on aime... quand on a été séparé d'eux pendant sept ans?

(Elle sort.)

SCÈNE XVI

MADAME D'IVRY, MAURICE.

MAURICE.

Mais savez-vous qu'elle est charmante, Mathilde?

MADAME D'IVRY.

Vous vous en êtes aperçu?

MAURICE.

Je crois bien!... Il ne faut pas la regarder à deux fois pour cela... Ah! elle n'est pas comme vous, chère Antonine.

MADAME D'IVRY.

C'est-à-dire que je ne suis pas charmante?

MAURICE.

Oh! vous ne pouvez supposer que c'est cela que j'aie voulu dire.

MADAME D'IVRY.

Expliquez-vous.

MAURICE.

Je veux dire qu'elle n'exige pas que je coupe ma barbe, elle.

MADAME D'IVRY.

Pardon... mais, si vous y tenez tant, il faut la garder.

MAURICE.

Elle ne me reproche pas d'avoir une voix de basse...

MADAME D'IVRY.

Je ne vous le reproche pas, je le constate.

MAURICE.

Et c'est elle qui, la première, m'a demandé si j'avais faim.

MADAME D'IVRY.

Attention qui vous a profondément touché?

MAURICE.

Qui m'a attendri jusqu'aux larmes.

SCÈNE XVII

Les Mêmes, PIERRE et ROSE, apportant une table toute servie.

PIERRE.
Sauf votre respect, madame, c'est mademoiselle Mathilde qui nous a dit d'apporter ici cette table.

MADAME D'IVRY.
C'est bien. (A Maurice.) Où voulez-vous poser votre tente, monseigneur?

MAURICE,
Où vous voudrez... Je n'ai point de préférence : chez vous, tout m'est vous.

MADAME D'IVRY, à part.
Il a des lueurs. (Aux Domestiques.) Ici. (A Maurice en lui approchant une chaise.) Asseyez-vous.

(Maurice regarde autour de lui.)

ROSE.
Monsieur cherche mademoiselle Mathilde? Elle est descendue à la cuisine.

MADAME D'IVRY.
Mathilde à la cuisine! et pour quoi faire?

ROSE.
Elle prétend que M. Maurice, arrivant de l'Algérie, ne doit aimer que le café à la turque, et elle a appris à le préparer de cette façon-là pour monsieur

MADAME D'IVRY.
C'est bien, allez. Monsieur sonnera quand il aura besoin de quelque chose.

SCÈNE XVIII

MAURICE, MADAME D'IVRY.

MAURICE.
Mais c'est une fée, que ma chère petite sœur!

MADAME D'IVRY.
Et l'on aime les fées?

MAURICE.
C'est-à-dire que, quand elles sont secourables, on les adore.

MADAME D'IVRY.

Et Mathilde vous a secouru?

MAURICE.

Oui.

MADAME D'IVRY.

Dans un danger?

MAURICE.

Bien pis que cela, dans un doute. Le danger, j'y suis habitué; le doute, c'était pour moi chose nouvelle.

MADAME D'IVRY.

Vous doutiez... Et de quoi?

MAURICE.

J'étais dans un désert: je doutais du chant des oiseaux, de la verdure des arbres, du murmure du ruisseau; je doutais du bonheur, de la fidélité, de l'amour. Mathilde, d'un coup de baguette, a changé le désert en un jardin enchanté, et j'ai cru de nouveau à tout ce dont je doutais.

MADAME D'IVRY.

Et Mathilde?

MAURICE.

M'a rassuré, chère Antonine.

MADAME D'IVRY.

Et comment cela?

MAURICE.

En me disant que vous parliez de moi tous les jours, que vous pensiez à moi à toute heure.

MADAME D'IVRY.

Elle vous a dit cela, la chère enfant?

MAURICE.

Oui.

MADAME D'IVRY.

Elle ne vous a dit que la vérité, Maurice.

MAURICE.

Soit!... mais j'avais grand besoin de l'entendre.

MADAME D'IVRY.

Malgré ma promesse, au moment du départ...

MAURICE.

Je dirai bien plus : malgré vos lettres depuis que je suis parti...

MADAME D'IVRY.

Pardon... malgré mes lettres?...

MAURICE.

Oui, en arrivant ici, vous savez, chère Antonine, ou plutôt vous ne savez pas, attendu que vous êtes la perfection en personne ; mais il y a des choses qui... il y a des moments où... Enfin, je suis arrivé dans un mauvais moment.

MADAME D'IVRY.

Vous vous trompez, Maurice... Il n'y a pas de mauvais moment pour celui qui est attendu comme je vous attendais.

MAURICE.

Chère Antonine !

(Il se remet à manger.)

MADAME D'IVRY.

Seulement, permettez...

MAURICE.

Quoi ?

MADAME D'IVRY.

Vous avez parlé de lettres...

MAURICE.

Sans doute.

MADAME D'IVRY.

De quelles lettres ?

MAURICE.

Mais des vôtres.

MADAME D'IVRY.

Des miennes ?

MAURICE.

Oui... Ah çà ! mais... est-ce que je me trompe de langue ? est-ce qu'en croyant vous parler français, je vous parlerais arabe, par hasard ?

MADAME D'IVRY.

A peu près.

MAURICE.

Enfin !...

(Il se remet à manger.)

MADAME D'IVRY.

Mais non, je demande l'explication de cela.

MAURICE.

Mais de quoi ?

MADAME D'IVRY.

Vous avez dit : « Malgré mes lettres... »

MAURICE.

J'ai dit : *malgré mes lettres*, attendu, chère Antonine, que j'ai la prétention de croire que vous m'avez fait l'honneur de m'écrire.

MADAME D'IVRY.

Oui, une fois.

MAURICE.

Une fois ?

MADAME D'IVRY.

Une fois, pour vous dire que j'étais libre, que je vous aimais toujours, et que, fidèle à ma promesse, je vous attendais. N'avez-vous pas reçu ma lettre ?

MAURICE.

Si fait !... Mais, quoiqu'elle m'apportât une exellente nouvelle, elle ne m'a point fait oublier les autres.

MADAME D'IVRY.

Les autres !... Mais qu'entendez-vous par les autres ?

MAURICE.

Écoutez, j'ai encore bien faim, Antonine ; un homme plus prudent que moi attendrait peut-être la fin du souper pour entamer avec vous une discussion de cette importance. Mais la vérité est là, et elle me force de vous dire...

MADAME D'IVRY.

Oh! dites, dites!

MAURICE.

Que ce n'est point *une* lettre que vous m'avez écrite, mais cent, mais deux cents, mais cinq cents lettres !

MADAME D'IVRY.

Moi?

MAURICE.

Et ce n'était point de trop. C'est-à-dire, chère Antonine, que vos lettres ont été ma vie, là-bas... Comment aurais-je pu exister sans nouvelles de vous ? Oh! j'aurais cru que vous ne m'aimiez plus, je me serais fait tuer cent fois.

MADAME D'IVRY.

Et ce sont mes lettres qui vous ont sauvé la vie?

MAURICE.

Littéralement...

MADAME D'IVRY.

Eh bien, mon cher Maurice, c'est cruel, c'est affreux, c'est abominable, c'est féroce à dire, mais, je vous le répète, malgré la menace que vous m'avez faite en partant, je ne vous écrivais pas... et, comme j'étais la femme d'un autre... que cet autre a vécu, je ne vous ai pas écrit.

MAURICE.

Ah! voilà qui est fort, par exemple!

MADAME D'IVRY.

M. d'Ivry mort, vous avez, comme une simple connaissance, reçu la nouvelle de sa mort. Le temps du deuil écoulé... seulement alors, je vous ai écrit une lettre; cette lettre, c'est la première, c'est la dernière, c'est la seule.

MAURICE.

Mais je vous dis que j'en ai cinq cents lettres de vous, chère Antonine.

MADAME D'IVRY.

Et moi, je vous dis que vous êtes fou, cher Maurice.

MAURICE.

Fou!... Je suis si peu fou, que j'ai acheté un charmant coffre arabe pour les mettre, les lettres; avec l'intention, bien entendu, de garder les lettres, mais de vous donner le coffre.

MADAME D'IVRY.

Je vous suis bien reconnaissante de l'intention. Mais faites-moi un plaisir...

MAURICE.

Bien volontiers... Lequel?

MADAME D'IVRY.

Montrez-moi ces lettres...

MAURICE.

Vous comprenez bien, chère Antonine, que, si précieuses qu'elles soient, je n'ai pas sur moi cinq cents lettres de vous.

MADAME D'IVRY.

Alors, où sont-elles?

MAURICE.

A l'hôtel, pardieu!... dans leur coffre.

MADAME D'IVRY.

Eh bien, je vous avoue que je serais curieuse de les voir.

MAURICE.

L'hôtel n'est qu'à cent pas... Je vais les chercher.

MADAME D'IVRY.

Désespérée de vous déranger au milieu de votre repas, mais j'accepte.

MAURICE.

Ah! par exemple!...

MADAME D'IVRY.

Vous persistez?

MAURICE.

Je crois bien que je persiste!

MADAME D'IVRY.

Allez-y, alors.

MAURICE.

Oh! je n'y vais pas, j'y cours!

SCÈNE XIX

LES MÊMES, MATHILDE, apportant le café sur un plateau.

MATHILDE.

La!... voilà ton café, Maurice; sois tranquille, il est bien chaud.

MAURICE.

Ah! il s'agit bien de mon café!

(Il sort.)

SCÈNE XX

MATHILDE, MADAME D'IVRY.

MATHILDE, déposant le plateau sur la table.

De quoi s'agit-il donc?

MADAME D'IVRY.

C'est-à-dire que c'est incroyable!

MATHILDE.

Quoi?

MADAME D'IVRY.

Oh! j'en pleurerais de rage.

MATHILDE.

Ma sœur!

MADAME D'IVRY.

Oser me soutenir cela en face!

MATHILDE.

Que t'a-t-il donc soutenu?...

MADAME D'IVRY.

Que je lui écrivais toutes les semaines... Comprends-tu cela ?

MATHILDE, à part.

Mon Dieu !

MADAME D'IVRY.

Qu'il a reçu cinq cents lettres de moi !

MATHILDE, de même.

Oh !

MADAME D'IVRY.

Je l'ai mis au défi !

MATHILDE.

Eh bien ?

MADAME D'IVRY.

Il est allé les chercher à l'hôtel.

MATHILDE.

On sonne.

MADAME D'IVRY.

Est-ce déjà lui ?

MATHILDE, à part.

Que faire ?

DE SOR, dans la coulisse.

C'est inutile, Pierre ; vous savez que je suis de la maison, moi.

MADAME D'IVRY et MATHILDE.

M. de Sor !

SCÈNE XXI

Les Mêmes, DE SOR.

MADAME D'IVRY.

Entrez, entrez !

DE SOR.

Je puis... ?

MADAME D'IVRY.

Certainement. Vous êtes le bienvenu, même.

DE SOR.

Pardon, mais j'étais à la fenêtre, je prenais l'air... Il y a des moments où l'on a besoin de prendre l'air.

MADAME D'IVRY.

Je le crois bien, j'étouffe!

DE SOR.

J'ai vu, au clair de la lune, passer M. Maurice, sans képy, le visage bouleversé, courant comme un fou ; alors, je me suis dit : « On ne court ainsi, nu-tête, à une pareille heure, que pour aller chercher un médecin. Il faut qu'il soit arrivé quelque accident à madame d'Ivry ! » Et je suis accouru.

MADAME D'IVRY.

Sans chapeau aussi?

DE SOR.

Ma foi, oui, c'est vrai.

MATHILDE.

Antonine ?

MADAME D'IVRY.

Quoi?

MATHILDE.

Maurice va revenir.

MADAME D'IVRY.

Sans doute.

MATHILDE.

Mais dans l'état d'exaltation où il est...

MADAME D'IVRY.

D'exaltation ! Monsieur s'exalte? C'est charmant!

MATHILDE.

S'il voit M. de Sor ici.

MADAME D'IVRY.

Oh ! par exemple! il me semble que je suis bien maîtresse de recevoir chez moi qui je veux.

MATHILDE.

Oui ; mais, si, de cette entrevue, il résultait une querelle?

MADAME D'IVRY.

Tu as raison. (A de Sor.) Venez, mon ami.

(On sonne.)

MATHILDE.

On sonne, c'est lui!

MADAME D'IVRY.

Le voilà !... Venez, venez !

(Ils sortent.)

SCÈNE XXII

MATHILDE, puis MAURICE.

MATHILDE.
Voilà ce que je craignais ! Que faire ? que dire ?
MAURICE, derrière la porte.
C'est bien, Pierre, c'est bien... (Entrant.) Ah !
MATHILDE.
Maurice !
MAURICE.
Où est madame d'Ivry ?
MATHILDE.
Chez elle.
MAURICE.
Bien.
MATHILDE.
Que faites-vous ?
MAURICE.
J'y vais.
MATHILDE.
Attendez donc !
MAURICE.
Que j'attende ?
MATHILDE.
Un instant !
MAURICE.
Pas une seconde !
MATHILDE.
Maurice, je t'en prie...
MAURICE.
Mais tu ne sais donc pas... ?
MATHILDE.
Si fait.
MAURICE.
Elle m'accuse de mentir.
MATHILDE.
Maurice !
MAURICE.
Elle prétend qu'elle ne m'a jamais écrit.

MATHILDE.

Maurice!

MAURICE.

Ah! par bonheur, j'ai toutes ses lettres là, depuis la première jusqu'à la dernière, étiquetées par rang de date... Vois plutôt.

MATHILDE.

Maurice!

MAURICE.

Eh bien, qu'y a-t-il, petite sœur?

MATHILDE.

Il y a...

MAURICE.

Mais parle donc!

MATHILDE.

Oh! je n'oserai jamais.

MAURICE.

Comment! tu as quelque chose à dire, et tu n'oses pas?

MATHILDE.

Non.

MAURICE.

A moi?

MATHILDE.

A toi, surtout...

MAURICE.

Alors, c'est grave?

MATHILDE.

Je le crois bien!

MAURICE.

Et cela a rapport à ces lettres?

MATHILDE.

Oui.

MAURICE.

Aux lettres d'Antonine?

MATHILDE.

Aux lettres que voilà.

MAURICE.

Comment, les lettres que voilà?... Ne sont-elles donc pas d'Antonine?

MATHILDE, secouant la tête.

Non!

MAURICE.

Non?

MATHILDE.

Non!

MAURICE.

Mais de qui sont-elles, alors ?

MATHILDE.

Maurice, tu me pardonneras, n'est-ce pas?

MAURICE.

Parle, chère enfant! parle!

MATHILDE.

Te rappelles-tu le jour où tu fis tes adieux à Antonine?

MAURICE.

Oui... Eh bien ?

MATHILDE.

Il y avait là une petite fille de douze ans, à laquelle vous ne faisiez pas attention, de laquelle vous ne vous défiiez point.

MAURICE.

C'était toi ?

MATHILDE.

Oui.

MAURICE.

Oh! je m'en souviens... Tu étais assise dans un coin, et tu pleurais aussi fort que nous.

MATHILDE.

C'était bien naturel, tu étais désespéré. Tu disais à Antonine : « Je pars, mais à une condition : c'est que vous m'écrirez à chaque courrier, c'est que vous m'écrirez que vous m'aimez toujours. »

MAURICE.

Oh ! je me le rappelle bien.

MATHILDE.

Et elle te répondait : « Comment voulez-vous que je vous écrive que je vous aime, moi qui vais être la femme d'un autre ? » Et toi, à ton tour, tu disais: « Songez-y, si je suis quinze jours sans recevoir de vos nouvelles, je vous donne ma parole d'honneur que je me fais tuer. »

MAURICE.

Et je l'eusse fait, Mathilde, je te le jure, tant j'aimais Antonine.

MATHILDE.

Oh! je l'ai bien pensé, puisque tu avais donné ta parole... Aussi, quand tu as été parti, j'ai supplié Antonine de ne pas persister dans son refus. Mais elle se contenta de me répondre: « Quand tu seras plus grande, enfant, tu comprendras que ce que tu me demandes est impossible... » J'avais beau chercher, je ne comprenais pas pourquoi c'était impossible... Mais ce que je comprenais, c'est que tu avais donné ta parole d'honneur, et que tu la tiendrais.

MAURICE, posant le coffre sur une chaise.

Continue!

MATHILDE.

Oh! si tu savais alors ce que j'ai souffert! Toute la journée, je pensais à toi, à ton désespoir; et, quand la nuit était venue, je te voyais en rêve, pâle, défiguré, couché sur un champ de bataille et murmurant : « Tu ne m'as pas écrit, Antonine, et je me suis fait tuer... »

MAURICE.

Oh! pauvre chère enfant!

MATHILDE.

Alors, il m'est venu une idée qui m'a paru une inspiration du ciel. Mon écriture ressemblait à celle de ma sœur, au point de s'y tromper; je résolus, puisqu'elle refusait de t'écrire, de t'écrire à sa place. Oh! je comprends maintenant, c'était bien mal; mais, alors, je ne savais pas... et, je l'eusse su, que je t'aurais écrit encore... je t'aimais tant!

MAURICE.

Comment! ces lettres charmantes, ces lettres adorables qui, non-seulement ont soutenu mon amour, mais qui l'ont doublé... ces lettres...?

MATHILDE.

C'était moi qui les écrivais... Je tâchais de me rappeler ce que vous disiez quand vous étiez ensemble, Antonine et toi, et, pour le reste...

MAURICE.

Eh bien, pour le reste?

MATHILDE.

Je m'en rapportais à mon cœur.

MAURICE.

Ainsi, pendant sept ans... ?

MATHILDE.

Oh! il faut me pardonner, Maurice, l'intention était bonne; et, quand j'ai compris que je faisais mal, il était trop tard ; puis...

MAURICE.

Puis?

MATHILDE.

Je crois qu'à mon tour, c'est moi qui serais morte, si je n'eusse plus reçu de lettres de toi.

MAURICE.

Oh! cœur d'ange !

MATHILDE.

Comment ! tu ne me grondes pas?

MAURICE.

Non..

MATHILDE.

Comment! tu me pardonnes?

MAURICE.

Je fais plus que te pardonner, je te bénis !

MATHILDE.

Oh! alors, tu vas dire à Antonine...

MAURICE.

Tout ce tu que voudras.

MATHILDE.

Que tu avais tort.

MAURICE.

Oui.

MATHILDE.

Que les lettres n'étaient pas d'elle.

MAURICE.

Oui.

MATHILDE.

Mais il ne faut pas lui dire qu'elles étaient de moi.

MAURICE.

Comment faire, alors?

MATHILDE.

C'est embarrassant... Écoute, Maurice...

MAURICE.

J'écoute.

MATHILDE.

Si nous consultions là-dessus un homme très-savant?

8.

MAURICE.

Un homme très-savant.

MATHILDE.

Oui, dont c'est l'état de donner des conseils.

MAURICE.

Un avocat?

MATHILDE.

M. de Sor.

MAURICE.

Mais c'est un conseil immédiat qu'il me faut.

MATHILDE.

Sans doute, nous n'avons pas un instant à perdre.

MAURICE.

Il est onze heures ! comment veux-tu que nous consultions M. de Sor à onze heures du soir?

MATHILDE.

Il est là.

MAURICE.

Là?... Où, là?

MATHILDE.

Chez ma sœur.

MAURICE.

Ah! oui, je comprends... Madame d'Ivry, de son côté, l'a envoyé chercher pour une consultation.

MATHILDE.

Oh! elle n'a pas eu besoin : il est venu tout seul.

MAURICE.

Eh bien, Mathilde, il y a du bon dans ton conseil.

MATHILDE.

N'est-ce pas?

MAURICE.

Oui ; seulement, je veux d'abord parler à Antonine.

MATHILDE.

Comme tu voudras.

MAURICE.

Mais, avant tout...

MATHILDE.

Quoi?

MAURICE.

Attends...

(1) ouvre le coffre.)

MATHILDE, tristement.
Ah! oui, tu me rends mes lettres.
MAURICE.
Non... Je te prie seulement de me les garder.
MATHILDE.
Soigneusement?
MAURICE.
Comme on garde le talisman qui a sauvé la vie... d'un frère.
MATHILDE.
Oh! sois tranquille!
MAURICE.
Maintenant, préviens Antonine que je l'attends.

SCÈNE XXIII

Les Mêmes, MADAME D'IVRY.

MADAME D'IVRY.
C'est inutile, me voici.
MAURICE.
A merveille!... (Bas.) Chut! laisse-nous, Mathilde.

SCÈNE XXIV

MAURICE, MADAME D'IVRY

MADAME D'IVRY.
Eh bien, monsieur, ces lettres?
MAURICE.
Voilà le coffre.
MADAME D'IVRY.
Je le vois bien.
MAURICE.
Le trouvez-vous joli?
MADAME D'IVRY.
Charmant... Mais les lettres?
MAURICE.
Antonine, il faut qu'il y ait de la magie dans tout ce qui m'arrive.
MADAME D'IVRY.
Que vous arrive-t-il?...

MAURICE.

J'avais sur moi la clef du coffre, cette clef ne m'a pas quitté... Je cours à l'hôtel, j'ouvre mon coffre...

MADAME D'IVRY.

Eh bien?

MAURICE.

Eh bien, au lieu de cinq cents lettres, j'en trouve une seule... une seule qui les vaut toutes, c'est vrai, puisque c'est celle où vous me rappelez, où vous me dites que tout est prêt pour notre mariage...

MADAME D'IVRY.

Alors, vous avouez...?

MAURICE.

Je viens du pays des mirages, Antonine... et je m'aperçois que je suis victime du plus décevant de tous... J'avais cru...

MADAME D'IVRY.

Qu'aviez-vous cru?

MAURICE.

J'avais cru que vous m'aimiez, Antonine.

MADAME D'IVRY.

Alors, je ne vous aime pas? Il est curieux que ce soit cette lettre à la main que vous me fassiez un pareil compliment.

MAURICE.

En tout cas, chère Antonine, il y a un moyen bien simple, si je me trompe, de me faire revenir de mon erreur.

MADAME D'IVRY.

Lequel?

MAURICE.

Vous me dites dans cette lettre que votre main est à moi, que je puis venir et la prendre... Vous me dites cela.

MADAME D'IVRY.

Je ne le nie point.

MAURICE.

A quand notre mariage?

MADAME D'IVRY.

Pourquoi ne fixez-vous pas la date vous-même?

MAURICE.

Je n'en ai pas le droit... C'est moi qui doute; seulement, par le jour plus ou moins proche que vous choisirez, j'apprécierai le degré d'affection que m'a conservé votre cœur.

MADAME D'IVRY.

En vérité, Maurice, vous me mettez là dans un cruel embarras.

MAURICE, à part.

Je m'en doutais.

(Il va à une sonnette et sonne.)

MADAME D'IVRY.

Que faites-vous, Maurice?

(Pierre paraît à la porte.)

MAURICE.

Dites à M. de Sor, qui est chez madame, de se donner la peine de passer ici.

(Pierre disparaît.)

MADAME D'IVRY.

Mais vous êtes fou, Maurice !

MAURICE.

Aucunement, ma cousine... Vous avez la plus grande confiance en M. de Sor. Moi, j'ai la plus grande sympathie pour lui...

MADAME D'IVRY.

En vérité, Maurice, ce que vous faites est inouï.

SCÈNE XXV

Les Mêmes, DE SOR.

DE SOR.

Vous m'avez fait demander, madame?

MADAME D'IVRY.

Non, pas moi.

DE SOR.

Mais qui donc, alors ?

MAURICE.

Moi, monsieur, qui ai un procès d'où dépend le bonheur de ma vie.

DE SOR.

Et contre qui plaidez-vous ?

MAURICE.

Contre madame.

DE SOR.

Déjà?

MAURICE.

Oh ! rassurez-vous, ce n'est point en séparation ; au contraire !

DE SOR.
Et vous me prenez pour conseil?

MAURICE.
Mieux que cela, je vous prends pour arbitre.

DE SOR, à Antonine.
Dois-je accepter?

MADAME D'IVRY.
Puisque mon cousin le veut absolument.

DE SOR.
J'écoute.

MAURICE.
Oh! soyez tranquille, je serai bref. D'ailleurs, la question est claire. (Dépliant la lettre d'Antonine.) Voici une lettre de ma cousine.

MADAME D'IVRY.
Mais vous n'allez pas la lire, j'espère!

MAURICE.
Pourquoi pas? Les arbitres jugent sur pièces, chère amie.

MADAME D'IVRY.
Maurice!...

MAURICE.
Soit! puisque vous êtes le meilleur ami d'Antonine, monsieur, vous devez être au courant de nos affaires intimes.

DE SOR.
Si je n'étais reçu avocat depuis dix ans, je pourrais passer thèse là-dessus.

MAURICE.
Je me crois dispensé de les raconter.

DE SOR.
Ce serait une narration oiseuse, en effet.

MADAME D'IVRY.
Mais où voulez-vous en venir, Maurice?

MAURICE.
Vous n'ignorez pas, monsieur, que je suis parti pour l'Algérie, avec la ferme intention de m'y faire tuer le plus tôt possible.

DE SOR.
Je l'ai ouï dire plusieurs fois, capitaine; mais je vois avec plaisir que vous n'avez pas persisté dans votre résolution.

MAURICE.
Ma cousine venait alors d'épouser M. d'Ivry, et je m'en allais désespéré.

DE SOR.

Je comprends votre désespoir.

MAURICE.

Eh bien, vous le voyez, Antonine, quand je vous disais que je m'entendrais avec monsieur.

DE SOR.

Achevez.

MAURICE.

En effet, j'adorais ma cousine, et ma cousine m'adorait; n'est-ce pas, Antonine?

MADAME D'IVRY.

Monsieur sait cela.

MAURICE.

Monsieur sait cela?

DE SOR.

Oui, monsieur, madame m'a fait l'honneur de me le dire.

MAURICE.

Ah!... Aussi, M. d'Ivry mort et le temps du deuil expiré, ma cousine s'empressa-t-elle de m'écrire. Dans cette lettre, que voici, elle me faisait l'honneur de m'offrir sa main, si je revenais. Eh bien, je suis revenu, me voilà; cette main, je l'accepte, et je dis : A quand le mariage?

DE SOR.

Comment! vous me demandez cela?

MAURICE.

Sans doute.

DE SOR.

A moi?

MAURICE.

Pourquoi pas?

MADAME D'IVRY.

Alors, c'est pour cela que vous avez fait appeler monsieur?

MAURICE.

Pas pour autre chose. Ainsi, le jour que vous fixez pour être le jour de notre mariage?... Demain?...

MADAME D'IVRY.

Oh! demain...

MAURICE.

Après-demain?...

DE SOR.

Je vous trouve pressant, monsieur.

MAURICE.

Il n'est jamais assez tôt pour être heureux. Cependant, si ma cousine trouve que huit jours soient nécessaires, et que ce soit votre avis...

DE SOR.

Monsieur, huit jours...

MAURICE.

Mettons-en quinze... Non, mettons un mois... C'est trop tôt encore?... Mettons trois mois, alors.

MADAME D'IVRY.

Oh! en vérité, c'est une torture.

DE SOR.

Eh! monsieur, vous voyez bien que madame ne veut ni demain, ni après-demain, ni dans trois mois, ni jamais!

MADAME D'IVRY.

Ah!

(Elle tombe sur une chaise et semble tout près d'avoir une attaque de nerfs.)

MAURICE.

Vraiment! vous croyez?

DE SOR, lui montrant Antonine.

Voyez ce que vous avez fait... Madame d'Ivry se trouve mal!... Rose! Rose!

MAURICE.

Ne sonnez pas, c'est inutile.

DE SOR.

Comment, inutile?

MAURICE.

C'est moi qui ai fait le mal... A moi de le réparer. (Il va à Antonine et s'agenouille devant elle, puis de sa plus douce voix.) Antonine! chère Antonine!

MADAME D'IVRY.

Oh! Maurice!

MAURICE.

Oui, j'ai été cruel envers vous, n'est ce pas? cruel de ne pas comprendre qu'en sept années, à votre insu, votre cœur avait changé... Croyez-vous maintenant que mon visage, ma voix, mon air, ma tournure d'autrefois, vous eussent rendu l'affection passée?... Non, votre imagination seule m'avait suivi au milieu des déserts de l'Afrique... Mais votre cœur est resté ici... Ces sept années passées dans la société d'un honnête homme, d'un homme de talent, d'un homme d'esprit, ont fait de vous une femme accomplie; tandis que, moi qui ai vécu seul, ou dans la société d'hommes grossiers, je suis devenu un soldat insouciant, aventureux, peu sociable. J'ai donc été cruel, en vous demandant l'exécution d'une promesse dans laquelle votre cœur n'était plus pour rien, et où votre probité seule restait engagée. Mais vous avez été encore plus cruelle que moi, Antonine, convenez-en, en ne faisant aucun effort pour me cacher la mauvaise impression que j'avais faite sur vous à la première vue, et même à la seconde...

(Sur ces derniers mots, Mathilde est entrée et écoute.)

SCÈNE XXVI
Les Mêmes, MATHILDE.

MADAME D'IVRY.

Maurice! Maurice! je vous demande pardon, et de toute mon âme.

MAURICE.

Et cependant, je vous apportais le bonheur, Antonine.

MADAME D'IVRY.

Que voulez-vous dire?

MAURICE,

Je suis marié depuis quinze jours.

MATHILDE, tombant sur un fauteuil.

Marié! il est marié!

MADAME D'IVRY, se levant joyeuse.

Ah! Maurice, que je vous embrasse!

DE SOR.

Et moi aussi, s'il vous plaît, capitaine.

MADAME D'IVRY.

Et qui donc avez-vous épousé?

MAURICE.

Oui, je conçois! vous n'y croirez que quand vous verrez ma femme. Voulez-vous me permettre de vous la présenter, chère Antonine?

MADAME D'IVRY.

Mais sans doute.

(Maurice va à Mathilde, la prend par la main. Elle se laisse conduire comme une personne qui n'est plus maîtresse de sa volonté.)

MAURICE.

La voilà!

MATHILDE.

Moi?

MADAME D'IVRY et DE SOR.

Mathilde!

MAURICE.

Mathilde.

MATHILDE.

Mais vous disiez que vous étiez marié depuis quinze jours.

MAURICE.

Ai-je dit cela?... Je voulais dire que, dans quinze jours, je le serais... Ma langue aura tourné; il faut pardonner quelque chose à l'émotion.

MATHILDE.

Oh! Maurice! cher Maurice!

MAURICE.

Est-ce trop tôt, quinze jours?

MATHILDE.

Oh! non, non!... (Bas.) Quand tu voudras.

(Minuit sonne.)

DE SOR.

Déjà minuit?...

MATHILDE.

Oh! la pendule avance de sept minutes... Ma sœur l'a fait remettre sur l'heure du chemin de fer de Lyon.

MAURICE.

Ah! vraiment?...

(Il va à la pendule et la retarde.

MADAME D'IVRY.

Eh bien, que faites-vous donc?

MAURICE.

Je la mets sur l'heure du Palais!

FIN DE L'INVITATION A LA VALSE

LES FORESTIERS

DRAME EN CINQ ACTES

Grand-Théâtre (Marseille.) — 23 mars 1858.

DISTRIBUTION

GUILLAUME VATRIN, garde forestier...... MM.	JENNEVAL.
BERNARD, son fils......................	HADINGUE.
L'ABBÉ GRÉGOIRE......................	JOURDAIN.
LOUIS CHOLLET, dit le Parisien..........	D'HERBLAY.
MATHIEU GOGUELU....................	ROMANVILLE.
FRANÇOIS,	CARRÉ.
MOLICART, } gardes............ {	BEAUMAS.
LA JEUNESSE,	VALENTIN.
BOBINO,	DELYS.
RAISIN, maire de Villers-Cotterets.........	MURAT.
PREMIER GENDARME.....................	ROSAMBEAU.
DEUXIÈME GENDARME....................	MARIUS.
CATHERINE BLUM.................... Mlles	NOVA.
MADAME VATRIN.....................	CLARISSE MIROY.
EUPHROSINE RAISIN....................	VALENTIN.
LA MÈRE TELLIER.....................	HENRY.
BABET, petite fille.....................	LA PETITE DUBREUIL.

— Aux environs de Villers-Cotterets, vers 1830. —

ACTE PREMIER

L'intérieur de la maison de Guillaume Vatrin. — Porte au fond, donnant sur la grande route. A droite, grande cheminée, avec hauts chenets; au-dessus de la cheminée, fusils à deux coups et carabines; du même côté, une fenêtre. A gauche, un buffet chargé de vaisselle; et, dans l'angle, un escalier praticable montant au premier étage.

SCÈNE PREMIÈRE

FRANÇOIS, puis GUILLAUME.

Le théâtre est vide et dans l'obscurité; tout est fermé, portes et fenêtres. On entend un aboi de chien.

FRANÇOIS, en dehors.

Veux-tu te taire un peu, toi, Louchonneau! (Il frappe à la

porte.) Ohé! père Vatrin! ohé! (Silence.) Dites donc, vous vous la passez douce, papa Guillaume! Quatre heures du matin, et personne de levé dans la maison!... Ohé! ohé!...

GUILLAUME, paraissant au haut de l'escalier. On entend une voix de femme qui bougonne; il se retourne vers la cantonade.

Ah! voilà déjà que tu grognes, toi? Attends au moins que le soleil soit levé!

FRANÇOIS.

Ohé! père Vatrin! est-ce que vous êtes devenu sourd?

GUILLAUME, descendant.

On y va!

FRANÇOIS.

Ouvrez, ouvrez, père Guillaume! C'est moi.

GUILLAUME.

Ah! c'est toi, François?

FRANÇOIS.

Parbleu! qui voulez-vous que ce soit?... Oh! prenez le temps de passer vos culottes; on n'est pas pressé, quoiqu'il ne fasse pas chaud. Brrrou!...

GUILLAUME, ouvrant la porte.

Pas chaud, au mois de mai? Qu'aurais-tu donc chanté, si tu avais fait la campagne de Russie, frileux?

(François entre avec son chien. Guillaume se met à battre le briquet.)

FRANÇOIS.

Un instant!... Quand je dis : pas chaud, père Guillaume, vous comprenez bien, c'est une façon de parler; je dis : pas chaud la nuit... Les nuits, vous avez dû remarquer ça, père Guillaume, les nuits, ça ne va pas si vite que les jours, probablement parce qu'il n'y fait pas clair... Le jour, on est en mai; la nuit, on est en février. Je ne m'en dédis donc pas, il ne fait pas chaud... Brrrou!...

GUILLAUME, parlant les dents serrées, pour retenir un brûle-gueule qu'il tient dans le coin de sa bouche.

Veux-tu que je te dise une chose, toi?

FRANÇOIS, le regardant d'un air gouailleur.

Dites, père Guillaume! vous parlez si bien, quand vous consentez à parler.

GUILLAUME.

Tu dis que tu as froid?...

FRANÇOIS.

Parce que j'ai froid.

GUILLAUME.

Non, tu n'as pas froid !

FRANÇOIS.

Regardez plutôt mon nez.

GUILLAUME.

Ton nez est un menteur. Tu dis que tu as froid pour que je t'offre la goutte.

FRANÇOIS.

Eh bien, en vérité, non, je n'y pensais pas. Ça ne veut pas dire que, si vous me l'offrez, je la refuserai ; non, père Guillaume, non ; je sais trop le respect que je vous dois pour vous faire une pareille injure.

(GUILLAUME, appuyant l'amadou sur sa pipe.

Hum !

(Il va au buffet.)

FRANÇOIS.

Eh bien, pendant que vous allez ouvrir le buffet, je vais ouvrir la fenêtre... Faut se rendre utile.

(Le jour vient peu à peu.)

GUILLAUME.

Nous allons donc dire un mot à ce flacon de cognac, et puis nous parlerons de nos petites affaires.

FRANÇOIS.

Un mot ! Est-il chiche de ses paroles, ce diable de père Guillaume !

GUILLAUME, emplissant deux petits verres.

A ta santé !

FRANÇOIS.

A la vôtre ! à celle de votre femme ! et que le bon Dieu lui fasse la grâce d'être moins entêtée !

GUILLAUME.

Ah bien, oui ! Il y vingt-cinq ans que je brûle des cierges à cette intention-là, et ça ne fait que croître et embellir.

(Il ôte le brûle-gueule de sa bouche et vide son verre d'un trait.)

FRANÇOIS.

Attendez donc ! Je n'ai pas fini, et nous allons être obligés de recommencer... A celle de M. Bernard, votre fils ! (Il avale à son tour le petit verre, mais en le dégustant.) Bon ! voilà que j'ai oublié quelqu'un.

GUILLAUME.

Qui donc as-tu oublié ?

FRANÇOIS.

Mademoiselle Catherine, votre nièce, la bonne amie de Bernard. Ah ! voilà qui n'est pas bien, d'oublier les absents. Eh ! c'est que le verre est vide... Tenez, père Guillaume: topaze sur l'ongle !

GUILLAUME.

Farceur !... Allons, tiens !

(Il verse à faire déborder le verre.)

FRANÇOIS.

Allons, allons, cette fois, il n'a pas lésiné, le vieux. On voit bien qu'il l'aime, sa jolie petite nièce. D'ailleurs, qui ne l'aimerait pas, cette chère demoiselle Catherine ? C'est comme ce cognac !

GUILLAUME, avalant son eau-de-vie.

Hum !

FRANÇOIS, avalant la sienne.

Housch !

GUILLAUME.

Eh bien, as-tu encore froid ?

FRANÇOIS.

Non ; au contraire, j'ai chaud.

GUILLAUME.

Alors, ça va mieux ?

FRANÇOIS.

Oui ; me voilà comme votre baromètre, au beau fixe.

GUILLAUME.

En ce cas, abordons la question et parlons un petit peu du sanglier.

FRANÇOIS.

Oui, le sanglier ! Eh bien, cette fois-ci, je crois que nous le tenons, père Guillaume.

SCÈNE II

Les Mêmes, MATHIEU GOGUELU.

Mathieu entre sans qu'on fasse attention à lui. Taille déjetée, cheveux roux, yeux louches.

MATHIEU.

Oui, comme la dernière fois !

FRANÇOIS.

Hein ?

MATHIEU, *d'un ton câlin.*

Bonjour, père Guillaume, et votre compagnie !
(Il va s'asseoir sur un escabeau dans la cheminée, avive le feu et met des pommes de terre dans les cendres.)

FRANÇOIS, *le regardant de travers.*

Oh ! la dernière fois, suffit ! nous allons en causer tout à l'heure.

GUILLAUME.

Et où est-il, le sanglier ?

MATHIEU.

Il est dans le saloir, puisque François le tient.

FRANÇOIS.

Pas encore ! Mais, avant que le coucou de la mère Vatrin sonne sept heures, il y sera... (A son chien.) N'est-ce pas, Louchonneau ?... Je disais donc comme ça, père Guillaume, que l'animal est à un petit quart de lieue d'ici, dans le fourré des têtes de Salmon ; le farceur est parti, vers deux heures du matin, du taillis des champs de Dampleux.

MATHIEU.

Bon ! comment sais-tu ça, puisque tu n'es parti qu'à trois heures, toi ?

FRANÇOIS.

Oh ! dites donc, père Guillaume, il demande comment je sais ça ! Eh bien, on va te le raconter, mal bâti ! ça pourra te servir un jour.

MATHIEU.

J'écoute.

FRANÇOIS, *à Mathieu, par-dessus son épaule.*

A quelle heure tombe la rosée ? A trois heures du matin, n'est-ce pas ? Eh bien, s'il était parti après la rosée tombée, il aurait foulé la terre humide, et il n'y aurait pas d'eau dans le creux de sa trace, tandis qu'au contraire, il a foulé la terre sèche ; la rosée est tombée ensuite, et elle a fait des abreuvoirs à rouge-gorge tout le long de la route... Voilà.

GUILLAUME.

Et quel âge a la bête ?

FRANÇOIS.

De six à sept ans ; un ragot fini !

MATHIEU.

Il t'a montré son extrait de naissance ?

FRANÇOIS.

Un peu ! et signé de sa griffe... (A Mathieu.) Tout le monde n'en pourrait peut-être pas faire autant ; et, à moins qu'il n'ait des motifs de cacher son âge, je réponds que je ne me trompe pas de trois mois.

GUILLAUME.

Est-il seul ?

FRANÇOIS.

Non, il est avec sa laie, qui est pleine.

MATHIEU.

Tu as vu ça, toi, qu'elle était pleine ?

FRANÇOIS.

Sans doute, je l'ai vu.

MATHIEU.

Et à quoi ?

FRANÇOIS.

Oh ! dites donc, père Guillaume, un gaillard qui a été trouvé dans une forêt, il ne sait pas quand une laie est pleine ou ne l'est pas ! Qu'as-tu donc appris à l'école ?... Puisqu'elle marche gras, imbécile ! puisque sa pince s'écarte en marchant, que l'on dirait qu'elle va se fendre, c'est qu'elle a le ventre lourd, cette pauvre bête !

GUILLAUME.

Est-ce un animal nouveau ?

FRANÇOIS.

Elle, oui ; lui, non. Je n'ai jamais vu sa passée ; mais lui, connu ! c'est le même auquel j'ai envoyé, il y a quinze jours, une balle dans l'épaule gauche, du côté du taillis d'Yvors.

GUILLAUME.

Et qui te fait croire que c'est le même ?

FRANÇOIS.

Comment! il faut vous dire ça, à vous, vieux limier, qui rendriez des points à Louchonneau? Je savais bien que je l'avais touché, moi; seulement, au lieu de lui mettre la balle au défaut de l'épaule, je la lui ai mise dans l'épaule même.

GUILLAUME.

Hum! il n'a pas fait sang.

FRANÇOIS.

Parce que la balle est restée entre cuir et chair, dans le lard. Aujourd'hui, la blessure est en train de se guérir, et, voyez-vous, ça le démange, cet animal; de sorte qu'il s'est frotté contre le troisième chêne à gauche du puits des Sarrasins, et frotté au point qu'il en est resté un bouquet de poil à l'écorce de l'arbre... Voyez plutôt.

(François tire un bouquet de poil de sa poche et le montre à Guillaume.)

GUILLAUME.

Tu m'en fais venir l'eau à la bouche! J'ai envie d'aller en flânant faire un tour de ce côté-là.

FRANÇOIS.

Allez, père Guillaume! et vous le trouverez où j'ai dit, au grand roncier des têtes de Salmon. Ne faites pas de façons pour monsieur; monsieur ne bougera pas; son épouse est souffrante, et monsieur est galant.

GUILLAUME.

Eh bien, j'y vais tout de même.

FRANÇOIS.

Vous avez des yeux, vous regarderez, et vous verrez. Quant à Louchonneau, on va le remettre à la niche, en lui faisant le don patriotique d'un chiffon de pain, attendu qu'il a travaillé ce matin comme un amour.

GUILLAUME, prenant son fusil dans le coin de la cheminée.

Hein! mon pauvre Mathieu, tu l'as entendu? Un écureuil, il me dira sur quel arbre il a monté; une belette, à quelle place elle a traversé la route... Voilà ce que tu ne sauras jamais, toi.

MATHIEU.

Est-ce que je m'inquiète de savoir ou de ne pas savoir? A quoi diable voulez-vous que ça me serve?

GUILLAUME, haussant les épaules.

Au revoir, François!

(Il sort.)

SCÈNE III

MATHIEU, FRANÇOIS.

FRANÇOIS, coupant un morceau de pain à Louchonneau et regardant sortir le père Guillaume.

Ah! le vieux limier! l'avez-vous vu pendant que je lui faisais mon rapport? Les pieds lui démangeaient!... Allons, Louchonneau, mon ami, voilà un joli croûton. Maintenant que nous avons bien travaillé, allons à la niche, et gaiement!

(Il sort.)

SCÈNE IV

MATHIEU, seul.

Il regarde François qui s'éloigne, puis il écoute le bruit des pas, s'avance vers la bouteille d'eau-de-vie et la soulève pour voir où elle en est.

Ah! le vieux cancre! quand on pense qu'il ne m'en a pas offert.

(Il boit à même la bouteille, puis revient à sa place et chante.)

> Ah! le triste état,
> Que d'être gendarme!
> Ah! le noble état,
> Que d'être soldat!
> Quand le tambour bat
> Adieu nos maîtresses!...

SCÈNE V

MATHIEU, FRANÇOIS, rentrant.

FRANÇOIS.

Allons, bon! voilà que tu chantes, maintenant?

MATHIEU.

Est-ce donc défendu, de chanter? Alors, que M. le maire le fasse publier à son de trompe!

FRANÇOIS.

Ce n'est pas défendu, mais ça porte malheur.

MATHIEU.

Et pourquoi ça?

FRANÇOIS.

Parce que, quand le premier oiseau que j'entends chanter le matin est une chouette, je dis: « Mauvaise affaire ! »

MATHIEU.

C'est-à-dire, alors, que je suis une chouette? Allons, va pour la chouette ! Je suis tout ce que l'on veut, moi.

(Il rapproche ses mains de sa bouche, et imite le cri de la chouette.)

FRANÇOIS.

Veux-tu te taire, oiseau de mauvais augure !

MATHIEU.

Me taire? Et si j'ai quelque chose à te chanter, moi, que diras-tu?

FRANÇOIS.

Je dirai que je n'ai pas le temps de t'écouter... Tiens, fais-moi plutôt un plaisir...

MATHIEU.

A toi?

FRANÇOIS.

Oui, à moi... Supposes-tu donc que tu ne puisses faire plaisir à personne?

MATHIEU.

Que demandes-tu?

FRANÇOIS.

Tiens mon fusil devant le feu pour le faire sécher, tandis que je vais changer de guêtres.

MATHIEU, secouant la tête.

Ni le tien ni un autre. Je veux qu'on m'écrase la tête entre deux pierres, comme à une bête puante, si, à partir d'aujourd'hui jusqu'au jour où l'on me portera en terre, j'en touche jamais un, de fusil !

FRANÇOIS.

Eh bien, je dis qu'il n'y aura pas de perte, pour la façon dont tu t'en sers !

(Tout en causant, il change de guêtres.)

MATHIEU.

Et pourquoi donc m'en servirais-je mieux que ça, d'un fusil, quand je m'en sers pour les autres? (A part.) Que l'occasion se présente de m'en servir pour mon compte, et tu verras si je suis plus manchot que toi!

FRANÇOIS.

Et que toucheras-tu, si tu ne touches pas un fusil?

MATHIEU.

Je toucherai mes gages, donc!

FRANÇOIS.

Tes gages?

MATHIEU.

Oui, attendu que j'entre comme domestique chez M. le maire.

FRANÇOIS.

Chez M. Raisin, le marchand de bois?

MATHIEU.

Ça te fâche?

FRANÇOIS.

Moi? Ça m'est bien égal! Je me demande seulement ce que devient le vieux Pierre.

MATHIEU.

Apparemment qu'il s'en va.

FRANÇOIS.

Il s'en va?

MATHIEU.

Dame, puisque je prends sa place, il faut bien qu'il s'en aille.

FRANÇOIS.

Impossible! Il est dans la maison depuis vingt ans.

MATHIEU.

Raison de plus pour que ce soit le tour d'un autre.

FRANÇOIS.

Tiens, tu es un vilain garçon, Louchonneau!

MATHIEU.

D'abord, je ne m'appelle pas Louchonneau; c'est le chien que tu viens de conduire à sa niche, qui s'appelle Louchonneau, et non pas moi.

FRANÇOIS.

Tu as raison; et, quand il a su que je t'appelais quelquefois comme lui, il a réclamé, pauvre animal! en disant qu'il était incapable, lui qui est le limier du père Vatrin, d'aller demander la place du limier de M. Deviolaine, quoique la maison d'un inspecteur soit naturellement meilleure que celle d'un garde chef ; et, depuis sa réclamation, tu louches toujours, c'est vrai, mais on ne t'appelle plus Louchonneau.

MATHIEU.

Voyez-vous ça ! si bien que je suis un vilain garçon, à ton avis, François ?

FRANÇOIS.

Oh ! à mon avis et à celui de tout le monde. N'as-tu pas honte de prendre le pain à la bouche d'un pauvre vieux comme Pierre ? Que va-t-il devenir sans place ? Il va être obligé de mendier pour sa femme et ses deux enfants !

MATHIEU.

Tu lui feras une pension, sur les cinq cent livres que tu touches comme garde adjoint.

FRANÇOIS.

Je ne lui ferai pas de pension, parce qu'avec ces cinq cent livres-là, je nourris ma mère, et que la pauvre femme, elle avant tout !... Mais il trouvera toujours à la maison, une assiettée de soupe à l'oignon et une gibelotte de lapin, l'ordinaire du garde... Domestique ! comme ça te ressemble de te faire domestique !

MATHIEU.

Bah ! livrée pour livrée, j'aime mieux celle qui a de l'argent dans le gousset que celle qui a les poches vides.

FRANÇOIS.

Un instant, l'ami !... Non, je me trompe, tu n'es pas mon ami... Notre habit, à nous, n'est pas une livrée, c'est un uniforme.

MATHIEU.

Bon ! qu'il y ait une feuille de chêne brodée au collet ou un galon cousu à la manche, ça se ressemble diablement !

FRANÇOIS.

Seulement, avec la feuille de chêne brodée au collet, on travaille, tandis qu'avec le galon cousu à l'habit, on se repose. C'est ce qui t'a fait donner la préférence au galon sur la feuille de chêne, n'est-ce pas, fainéant ?

MATHIEU.

C'est encore possible... A propos, est-ce vrai ?

FRANÇOIS.

Quoi ?

MATHIEU.

On dit que Catherine revient aujourd'hui de Paris.

FRANÇOIS.

Eh bien, après?

MATHIEU.

Ah! mais c'est que, si elle revenait aujourd'hui, je ne m'en irais que demain. Il va y avoir noces et festins pour le retour de ce miroir de vertu !

FRANÇOIS, sérieusement.

Écoute, Mathieu : quand, dans cette maison, tu parleras devant d'autres que moi de mademoiselle Catherine, il faudra faire attention devant qui tu parles.

MATHIEU.

Pourquoi donc?

FRANÇOIS.

Dame, parce que mademoiselle Catherine est la fille de la propre sœur de M. Guillaume Vatrin.

MATHIEU.

Oui, et la bien-aimée de M. Bernard, n'est-ce pas?

FRANÇOIS.

Quant à cela, si on te le demande, je te conseille de répondre que tu n'en sais rien, vois-tu.

MATHIEU.

Eh bien, c'est ce qui te trompe. Je dirai ce que je sais; on a vu ce que l'on a vu, et l'on a entendu ce que l'on a entendu.

FRANÇOIS.

Tiens, décidément, Mathieu, tu as eu raison de te faire laquais : c'était ta vocation, espion et rapporteur! Bonne chance dans ton nouveau métier! Si Bernard descend, je l'attends à cent pas d'ici, au Saut-du-cerf, entends-tu ! (Sortant.) Ah! je ne m'en dédis pas, tu es un méchant garçon !

SCÈNE VI

MATHIEU, seul.

Ah! tu ne t'en dédis pas? ah! je suis un méchant garçon? ah! je tire mal? ah! le chien de Bernard a réclamé parce qu'on m'appelait Louchonneau comme lui? ah! je suis un espion, un fainéant, un rapporteur?... Patience! patience! le monde ne finit pas aujourd'hui, et nous nous reverrons avant la fin du monde... Ah! voilà Bernard.

(Il reprend son air idiot.)

SCÈNE VII

MATHIEU, BERNARD.

BERNARD, en tenue de garde, habit bleu à boutons d'argent, pantalon de velours, guêtres de cuir.

Tiens! je croyais avoir entendu la voix de François... N'était-il pas ici tout à l'heure?

MATHIEU.

Oui; mais il s'est ennuyé de vous attendre, et il est parti en disant que vous le retrouveriez au rendez-vous.

BERNARD.

Bien.

(Il prend son fusil et le charge.)

MATHIEU.

Vous vous servez donc toujours de bourres à l'emporte-pièce, vous?

BERNARD.

Oui; je trouve qu'elles pressent la poudre plus également... Qu'ai-je donc fait de mon couteau?

MATHIEU.

Voulez-vous le mien?

BERNARD.

Oui, donne.

(Il fait des croix sur ses balles.)

MATHIEU.

Qu'est-ce que vous faites donc à vos balles?

BERNARD.

Je les marque... Quand on tire à deux sur le même sanglier, et que le sanglier n'a qu'une balle, on n'est pas fâché de savoir qui l'a tiré.

MATHIEU.

Une croix! On dit que ça porte malheur, de faire des croix sur les balles. Berthelin, qui a tué son frère, vous savez bien, monsieur Bernard, c'était avec une balle qui avait une croix.

BERNARD.

Bon ! tu as toujours des prédictions comme cela à faire toi. Tiens, voilà ton couteau ; merci !

MATHIEU.

C'est donc pour ça que François dit que je suis un oiseau de mauvais augure, une chouette.

(Il imite le cri de la chouette.)

BERNARD.

En vérité, je crois que je fais attention aux paroles de cet imbécile-là.

(Il va pour sortir ; il met les balles dans sa poche.)

MATHIEU.

Eh ! monsieur Bernard !

BERNARD.

Quoi ?

MATHIEU.

Un petit mot encore... Du moment que c'est François, votre bichon, votre toutou, qui a détourné le sanglier, vous êtes sûr de ne pas revenir bredouille.

BERNARD.

Voyons, qu'as-tu à me dire ?

MATHIEU.

Est-ce vrai que la merveille des merveilles arrive aujourd'hui ?

BERNARD.

De qui veux-tu parler ?

MATHIEU.

De Catherine, donc.

BERNARD, lui donnant un soufflet.

Tiens, drôle !

MATHIEU, portant la main à sa joue.

Qu'avez-vous donc ce matin, monsieur Bernard ?

BERNARD.

Rien ; seulement, je désire t'apprendre à prononcer désormais ce nom avec le respect que tout le monde a pour lui, et moi tout le premier.

MATHIEU, toujours une main sur sa joue, et fouillant de l'autre à sa poche.

Quand vous saurez ce qu'il y a dans ce papier-là, vous

aurez regret du soufflet que vous venez de me donner, monsieur Bernard.

BERNARD.

Dans ce papier?

MATHIEU.

Oui.

BERNARD.

Voyons ce papier, alors.

MATHIEU.

Oh! patience!

BERNARD.

Donne donc! (Lisant l'adresse.) « A mademoiselle Catherine Blum, rue Bourg-l'Abbé, n° 15, à Paris. » (Se tournant vers Mathieu.) Cette adresse n'est-elle pas de l'écriture du Parisien?

MATHIEU.

Si c'est comme cela que vous appelez M. Chollet, oui, en effet, c'est son écriture.

BERNARD tourne et retourne la lettre en s'animant.

Cette lettre... cette lettre... Que signifie cette lettre?

MATHIEU.

Voyez-vous, monsieur Bernard, voilà ce que je me suis dit en prenant cette lettre dans la poche de Pierre, qui allait la mettre à la poste avant hier; je me suis dit: « Bon! je vais éclairer M. Bernard sur les manigances du Parisien, comme vous l'appelez, et, du même coup, je ferai chasser Pierre. » Et, en effet, ça n'a pas manqué, quand Pierre est venu dire qu'il avait perdu la lettre... L'imbécile! comme s'il ne pouvait pas dire qu'il l'avait mise à la poste! ça aurait d'abord eu cet avantage que le Parisien, croyant la première partie, n'en aurait pas écrit une seconde, et que mademoiselle Catherine, ne l'ayant pas reçue, n'y aurait pas répondu.

BERNARD.

Comment! répondu? Tu dis, malheureux, que Catherine a répondu au Parisien?

MATHIEU.

Doucement, monsieur Bernard! doucement donc! Je ne dis pas précisément ça.

BERNARD.

Et que dis-tu, alors?

MATHIEU.

Je dis que mademoiselle Catherine est femme et que le péché tente toujours une fille d'Ève.

BERNARD.

Je te demande positivement si Catherine a répondu. Entends-tu, Mathieu?

MATHIEU.

Peut-être bien que oui, peut-être bien que non ; mais, dame, vous savez, qui ne dit rien consent.

BERNARD.

Mathieu !...

MATHIEU.

Dans tous les cas, il devait partir ce matin pour aller au-devant d'elle, avec son tilbury.

BERNARD.

Et est-il parti ?

MATHIEU.

Est-ce que je sais cela, moi, puisque j'ai couché ici, dans le fournil ? Mais voulez-vous le savoir ?

BERNARD.

Oui, je le veux.

MATHIEU.

Eh bien, c'est chose facile. La première personne à qui vous demanderez à Villers-Cotterets : « Avez-vous vu M. Louis Chollet aller du côté de Gondreville avec son tilbury? » cette personne-là vous répondra : « Oui. »

BERNARD.

Oui ! il y a donc été, alors ?

MATHIEU.

Oui ou non... Vous savez bien que je suis un imbécile, moi, monsieur Bernard. Je vous dis qu'il devait y aller, je ne vous dis point qu'il y ait été.

BERNARD.

Mais comment peux-tu savoir ce qu'il y avait dans la lettre ?

MATHIEU.

Je ne sais pas ce qu'il y avait dans la lettre, moi.

BERNARD.

C'est que, comme il est visible qu'elle a été décachetée et recachetée...

MATHIEU.

Ah! dame, je n'en sais rien.

BERNARD.

Ce n'est donc pas toi qui l'as décachetée et recachetée?

MATHIEU.

Pour quoi faire, je vous le demande? Est-ce que je sais lire, moi? est-ce que je ne suis pas une bête brute à qui on n'a jamais pu faire entrer l'A B C dans la tête?

BERNARD.

C'est vrai! mais, enfin, comment sais-tu que le Parisien devait aller au-devant d'elle?

MATHIEU.

Parce qu'il m'a dit comme ça: « Mathieu, il faudra étriller le cheval de bon matin, attendu que je pars à six heures avec le tilbury pour aller au-devant de Catherine. »

BERNARD.

Il a dit Catherine tout court?

MATHIEU.

Attendez qu'il ait pris des mitaines pour ça!

BERNARD.

Ah! si j'avais été là, si j'avais eu le bonheur de l'entendre...

MATHIEU.

Oui, vous lui auriez donné un soufflet comme à moi; ou plutôt... vous ne le lui auriez pas donné, à lui.

BERNARD.

Et pourquoi cela?

MATHIEU.

Parce que vous tirez bien le pistolet, c'est vrai, monsieur Bernard; mais il y a des arbres dans la vente de M. Raisin qui prouvent, criblés de balles comme ils le sont, que M. Chollet ne le tire pas mal non plus; parce que vous ne tirez pas mal l'épée, vous, c'est vrai; mais que, lui, il a fait, l'autre jour, assaut avec le sous-inspecteur, qui sort des gardes du corps et qu'il l'a joliment boutonné, comme on dit!

BERNARD.

Et tu crois que c'est cela qui m'aurait retenu?

MATHIEU.

Dame, m'est avis que vous auriez peut-être un peu plus réfléchi tout de même à donner un soufflet au Parisien, qu'à en donner un au pauvre Mathieu Goguelu, qui n'a pas plus de défense qu'un enfant.

BERNARD, avec bonté.

Allons, pardonne-moi... (Il lui tend la main.) Quoique tu ne m'aimes pas, Mathieu.

MATHIEU.

Ah ! jour de Dieu ! pouvez-vous dire cela, monsieur Bernard !

BERNARD.

Sans compter que tu mens chaque fois que tu ouvres la bouche.

MATHIEU.

Bon ! prenons que j'ai menti, alors. Qu'est-ce que ça me fait, à moi, que le Parisien soit ou ne soit pas le bon ami de mademoiselle Catherine, et qu'il aille ou qu'il n'aille pas au-devant d'elle dans son tilbury ? Je ne vous aime pas ? Allons donc ! quand c'est moi qui, par dévouement pour vous, ai pris la lettre dans la poche du vieux !... C'est un mauvais gars que maître Pierre, sournois en diable, et, quand le sanglier est forcé, dame, vous savez, monsieur Bernard, gare au coup de boutoir !

BERNARD.

Tiens, décidément, Mathieu, tu es...

MATHIEU.

Ah ! ne vous retenez pas, monsieur Bernard ; ça fait du mal de se retenir.

BERNARD.

Tu es une canaille ! Va-t'en !

BERNARD, s'en allant à reculons.

Peut-être vaudrait-il mieux me remercier autrement ; mais c'est votre manière, à vous ; chacun a sa manière, comme on dit. Au revoir, monsieur Bernard ! au revoir ! (En dehors.) Entendez-vous ? je vous dis au revoir !

(Il s'éloigne en imitant le cri de la chouette.)

SCÈNE VIII

BERNARD, seul.

Qu'il lui ait écrit cette lettre, je le comprends à merveille : en sa qualité de Parisien, il ne doute de rien ; mais qu'elle accepte une place dans son tilbury, c'est ce que je ne puis croire... Ah! c'est toi, François! Sois le bienvenu!

SCÈNE IX

BERNARD, FRANÇOIS.

FRANÇOIS.

Oui, c'est moi, et qui viens voir un peu si tu n'es pas mort.

BERNARD.

Pas encore.

FRANÇOIS.

Alors, en route! Bobino, Lafeuille, et Lajeunesse sont déjà au Saut-du-cerf, et, si père Bougon nous retrouve ici en rentrant, c'est nous qui aurons la chasse, et pas le sanglier!

BERNARD.

En attendant, viens ici!

FRANÇOIS, la main au chapeau.

Me voilà, mon supérieur.

BERNARD.

Que dis-tu du Parisien?

FRANÇOIS.

De ce jeune homme qui est chez M. Raisin, le marchand de bois?

BERNARD.

Oui.

FRANÇOIS.

Dame, je dis qu'il est bien vêtu, et à la dernière mode, à ce qu'il paraît.

BERNARD.

Il ne s'agit pas de son habit.

FRANÇOIS.

Comme figure, alors? Ah! c'est un joli garçon, on ne peut pas dire le contraire.

BERNARD.

Je ne te parle pas de lui au physique; je te parle de lui au moral.

FRANÇOIS.

Au moral? Je dis qu'il n'est pas fichu de retrouver la piste de la vache à la mère Vatrin. si elle était perdue dans le champ Meutard... Ça laisse pourtant une fière piste, une vache!

BERNARD.

Oui; mais il est fort capable de détourner une biche, de la lancer et de la suivre jusqu'à ce qu'elle soit forcée, surtout si la biche porte un bonnet et un jupon.

FRANÇOIS.

Ah! dame, sous ce rapport-là, il a la réputation d'un joli chasseur.

BERNARD.

Soit; mais qu'il ne vienne pas chasser sur mes terres, ou gare au braconnier!

FRANÇOIS.

Hein! qu'as-tu donc?

BERNARD.

Approche un peu. (Lui passant le bras autour du cou et lui mettant la lettre devant les yeux.) Que dis-tu de cette lettre?

FRANÇOIS, lisant.

« Chère Catherine... » Oh! oh! la cousine?

BERNARD.

Oui; continue.

FRANÇOIS.

« Chère Catherine, j'apprends que vous allez revenir après dix-huit mois d'absence, pendant lesquels je vous ai vue à peine dans mes courts voyages à Paris, sans jamais pouvoir parvenir à vous parler. Il est inutile de vous dire que, pendant ces dix-huit mois, votre charmant minois m'a continuellement trotté dans la tête, et que je n'ai, nuit et jour, pensé qu'à vous... Comme j'ai hâte de vous répéter de vive voix ce que je vous écris, j'irai à votre rencontre jusqu'à Gondreville; j'espère que je vous trouverai plus raisonnable à votre retour qu'à votre départ, et que l'air de Paris vous aura fait oublier ce rustre de Bernard. — Votre adorateur pour la vie, LOUIS CHOLLET. » Oh! oh! c'est lui qui a écrit cela, le Parisien?

BERNARD.

Heureusement! *Ce rustre de Bernard*, tu vois!

FRANÇOIS.

Ah çà! mais, et mademoiselle Catherine?

BERNARD.

Comme tu dis François, et mademoiselle Catherine!

FRANÇOIS.

Crois-tu donc qu'il soit allé à sa rencontre?

BERNARD.

Pourquoi pas? Ces gens de la grande ville, ça ne doute de rien ; et puis à quoi bon se gêner pour un rustre comme moi ?

FRANÇOIS.

Dame, tu sais comment tu es avec mademoiselle Catherine.

BERNARD.

Je ne l'ai pas vue depuis mon dernier voyage à Paris, il y a huit mois, et, en huit mois, il passe bien des choses par la tête d'une jeune fille.

FRANÇOIS.

Allons donc! moi, je connais mademoiselle Catherine, et je réponds d'elle.

BERNARD.

François, la meilleure femme est, sinon fausse, au moins coquette. (Secouant la tête.) Ces dix-huit mois de Paris!...

FRANÇOIS.

Et moi, je te dis que tu vas la retrouver, au retour, ce qu'elle était au départ : bonne et brave.

BERNARD, montrant le poing.

Oh! si elle monte dans son tilbury...

FRANÇOIS.

Eh bien, quoi?

BERNARD.

Je ne te dis que cela!

FRANÇOIS.

Ce n'est point assez.

BERNARD, tirant de sa poche les deux balles.

Ces deux balles, ces deux balles à mon chiffre, que j'avais marquées à l'intention du sanglier...

FRANÇOIS.

Eh bien?

BERNARD, les glissant dans son fusil.

Eh bien, il y en aura une pour lui, et l'autre pour moi.

FRANÇOIS.

Plaît-il?

BERNARD.

Je crois que Mathieu a eu raison de dire que les balles qui

avaient une croix portaient malheur à quelqu'un... Viens, François !

FRANÇOIS.

Bernard, tu n'y songes pas !

BERNARD, avec violence.

Je te dis de venir; viens donc!

SCÈNE X

Les Mêmes, MADAME VATRIN.

Elle entre, tenant une tasse de café à la main.

BERNARD.

Ma mère !

FRANÇOIS, joyeux.

Bon ! la vieille !

MADAME VATRIN.

Bien le bonjour, mon enfant.

BERNARD.

Bien merci, ma mère.

(Il va pour sortir, elle le retient.)

MADAME VATRIN.

Comment as tu dormi, garçon ?

BERNARD.

A merveille !

MADAME VATRIN.

Tu t'en vas ?

BERNARD.

Les autres m'attendent au Saut-du-cerf, et voilà François qui vient me chercher; n'est-ce pas, François ?

FRANÇOIS.

Oh ! ça ne presse pas autrement; ils attendront dix minutes de plus, voilà tout.

MADAME VATRIN.

A peine si je t'ai dit bonjour. On dirait que le temps est sombre aujourd'hui.

BERNARD.

Il s'éclaircira... Adieu, ma mère !... Viens-tu, toi ?

MADAME VATRIN.

Prends donc quelque chose avant de sortir.

BERNARD.

Merci, je n'ai pas faim.

MADAME VATRIN.

C'est de ce bon café que tu aimes tant! Trempes-y seulement les lèvres; il me semblera meilleur quand tu l'auras goûté.

BERNARD.

Pauvre chère mère! (Il trempe les lèvres dans la tasse et la repose sur l'assiette.) Merci!

MADAME VATRIN.

On dirait que tu trembles, Bernard!

BERNARD.

Moi? Je n'ai jamais eu la main si sûre. (Il jette son fusil d'une main dans l'autre.) Allons, allons, adieu, ma mère! on m'attend.

MADAME VATRIN.

Va-t'en donc, puisque tu veux t'en aller ; mais reviens vite : tu sais que Catherine arrive ce matin.

BERNARD.

Oui, je le sais. Viens, François!... Bon! le père à présent!

SCÈNE XI

Les Mêmes, GUILLAUME.

GUILLAUME, tendant la main à Bernard.

Bonjour, garçon!

BERNARD, lui donnant la main.

Bonjour, mon père.

GUILLAUME, retenant la main de Bernard dans la sienne.

Bravo, François!

FRANÇOIS.

Tout est donc bien comme j'ai dit?

GUILLAUME.

Tout!

(Bernard essaye de dégager sa main.)

FRANÇOIS.

Voyons, écoute un peu, Bernard; il s'agit du sanglier.

GUILLAUME.

Des sangliers, tu veux dire?

FRANÇOIS.

Oui.

GUILLAUME, retenant toujours Bernard.

Eh bien, ils sont là couchés, tu l'as dit, dans le roncier des têtes de Salmon, côte à côte : la laie pleine à crever, lui blessé à l'épaule ; je les ai vus tous les deux comme je vous vois, toi et Bernard : un ragot de six ans ; on dirait que tu l'as pesé.

BERNARD.

Alors, père, vous voyez bien qu'il n'y a pas de temps à perdre.

MADAME VATRIN.

Ne t'expose pas surtout, Bernard !

GUILLAUME.

Bon ! pourquoi ne vas-tu pas pas tuer le sanglier à sa place ? Lui resterait ici pour faire la cuisine. Si ça ne fait pas suer, une femme de garde !

(Il laisse Bernard et va poser son fusil dans la cheminée.)

BERNARD, bas, à François.

François, tu m'excuseras près des autres.

FRANÇOIS.

Pourquoi ?

BERNARD.

Parce qu'au premier tournant, je te quitte. Vous allez aux têtes de Salmon, vous autres ?

FRANÇOIS.

Oui.

BERNARD.

Eh bien, moi, je vais aux bruyères de Gondreville ; chacun son gibier ! (Haut.) Viens, François !

GUILLAUME.

Bernard !...

BERNARD.

Plaît-il, mon père ?

GUILLAUME.

Ton fusil est chargé ?

BERNARD.

Un peu.

GUILLAUME.

A balle franche, comme il convient à un joli tireur ?

BERNARD.

A balle franche.

GUILLAUME.
Alors, tu comprends, au défaut de l'épaule.
BERNARD.
Je connais la place, soyez tranquille, mon père. (Il va pour sortir et revient à Guillaume.) Une poignée de main ! (A sa mère:) Et vous, ma mère, embrassez-moi ! Adieu ! adieu !

(Il sort ; François le suit.)

SCÈNE XII

GUILLAUME, MADAME VATRIN.

GUILLAUME.
Dis donc, la mère, qu'a-t-il donc, ce matin, ton fils ? Il me semble tout chose.
MADAME VATRIN.
Et à moi aussi. Tu devrais le rappeler, vieux.
GUILLAUME.
Pour quoi faire ? Pour savoir s'il n'a pas fait de mauvais rêves. (S'avançant sur le seuil.) Tu entends ? au défaut de l'épaule !
BERNARD, dans le lointain.
Oui, mon père. On sait, Dieu merci, où se loge une balle, soyez tranquille !
MADAME VATRIN, faisant un signe de croix.
Dieu protége le pauvre enfant !

ACTE DEUXIÈME

Même décoration.

SCÈNE PREMIÈRE

GUILLAUME, mangeant son café ; MADAME VATRIN, allant et venant.

GUILLAUME.
C'est égal, je voudrais bien savoir pourquoi Bernard, au

lieu de suivre les autres, a piqué tout droit du côté de la ville.

MADAME VATRIN.

Tu voudrais bien le savoir ? Eh bien, je vais te le dire, moi.

GUILLAUME.

Ce n'est pas à toi que je le demande.

MADAME VATRIN.

Et à qui le demandes-tu donc?

GUILLAUME.

A quelqu'un qui ne me répond que quand il sait ce qu'il dit.

MADAME VATRIN.

Alors, je ne sais pas ce que je dis, moi ?

GUILLAUME.

Pas toujours !... Allons, allons, je vais les rejoindre... Bernard avait un air singulier. Il faut que j'éclaircisse cela ; et puis, si par hasard le sanglier me passe, je ne serai pas fâché de montrer à ces blancs-becs-là... (On entend un coup de fusil.) Quant au sanglier, il est trop tard... C'est François qui a tiré ; j'ai reconnu son coup. Je lui dis toujours: « François, tu mets trop de poudre ! » Mais ouiche ! ces jeunes gens, c'est entêté comme...

(Il regarde sa femme.)

MADAME VATRIN.

Comme quoi ?

GUILLAUME.

Ma foi, non ; la comparaison est trop facile ! (On entend l'hallali.) Ah ! il l'a tué tout de même. C'est François qui sonne. Décidément, Bernard n'y est pas. Il faut que je sache où il est.

(Il va pour sortir.)

MADAME VATRIN.

Reste, vieux ! J'ai à te parler.

(Guillaume la regarde de côté, elle fait un signe affirmatif.)

GUILLAUME.

Oh ! si l'on t'écoutait, tu as toujours quelque chose à dire, toi ; seulement, c'est à savoir si ce que tu as à dire vaut la peine d'être écouté.

(Il fait de nouveau un pas vers la porte.)

MADAME VATRIN.
Eh ! reste donc, puisqu'on te dit de rester.

GUILLAUME.
Voyons, que me veux-tu ? Parle vite.

MADAME VATRIN.
Patience donc ! Avec toi, il faudrait avoir fini avant d'avoir commencé.

GUILLAUME.
Oh ! c'est que, toi, on sait quand tu commences, mais pas quand tu finis.

MADAME VATRIN.
Moi ?

GUILLAUME.
Oui ; tu commences par Louchonneau, et tu finis par le Grand Turc.

MADAME VATRIN.
Eh bien, cette fois, je commencerai et je finirai par Bernard... Es-tu content ?

GUILLAUME, croisant les bras.
Va toujours ! je te dirai cela après.

MADAME VATRIN.
Eh bien, voilà... Tu as dit toi-même que Bernard était allé du côté de la ville.

GUILLAUME.
Oui.

MADAME VATRIN.
Qu'il avait même coupé à travers la forêt pour prendre le plus court...

GUILLAUME.
Après ?

MADAME VATRIN.
Enfin, qu'il n'était pas remonté avec les autres du côté des têtes de Salmon.

GUILLAUME.
Non... Eh bien, sais-tu où il est allé ? Si tu le sais, dis-le, et que la chose soit finie. Tu le vois, je t'écoute. Si tu ne le sais pas, ce n'est pas la peine de me retenir.

MADAME VATRIN.
Tu remarqueras que c'est toi qui parles, et non pas moi.

GUILLAUME.
Je me tais.

10.

MADAME VATRIN.

Eh bien, il est allé à la ville.

GUILLAUME.

Pour rencontrer plus vite Catherine? La belle malice! Si ce sont là tes nouvelles, garde-les pour l'almanach de l'an passé.

MADAME VATRIN.

Voilà ce qui te trompe, il n'est point allé à la ville pour rencontrer plus vite Catherine.

GUILLAUME.

Ah! et pourquoi donc est-il allé à la ville?

MADAME VATRIN.

Il est allé à la ville pour mademoiselle Euphrosine.

GUILLAUME.

La fille du marchand de bois, la fille du maire, la fille de M. Raisin? Allons donc!

MADAME VATRIN.

Oui, pour la fille du marchand de bois ; oui, pour la fille du maire ; oui, pour la fille de M. Raisin !

GUILLAUME.

Tais-toi.

MADAME VATRIN.

Et pourquoi cela ?

GUILLAUME.

Tais-toi.

MADAME VATRIN.

Enfin ?...

GUILLAUME.

Mais tais-toi donc !

MADAME VATRIN.

Ah! je n'ai jamais vu un homme pareil! Jamais raison... Je fais ceci d'une façon, j'ai tort; je fais ceci d'une autre, j'ai tort; je parle, silence! j'aurais dû me taire; je me tais, bien : j'aurais dû parler. Mais, Seigneur du bon Dieu! pourquoi donc, alors, une langue, si ce n'est pour dire ce que l'on a sur le cœur?

GUILLAUME.

Mais il me semble que tu ne te prives pas de la faire aller, ta langue!

(Il se met à bourrer sa pipe en sifflant un air de chasse.)

MADAME VATRIN.

Et si je te disais, moi, que c'est mademoiselle Euphrosine qui m'a parlé de ça la première!

GUILLAUME.

Quand?

MADAME VATRIN.

Dimanche dernier, en sortant de la messe.

GUILLAUME.

Que t'a-t-elle dit?

MADAME VATRIN.

Elle m'a dit: « Savez-vous, madame Vatrin, que M. Bernard est un garçon fort entreprenant? »

GUILLAUME.

Lui, Bernard?

MADAME VATRIN.

Je te dis ce qu'elle a dit. « Quand il passe, il me regarde, oh! mais que, si je n'avais pas un éventail, je ne saurais que faire de mes yeux. »

GUILLAUME.

T'a-t-elle dit que Bernard lui eût parlé?

MADAME VATRIN.

Non, elle ne m'a pas dit cela; mais elle a ajouté: « Madame Vatrin, nous irons vous faire une visite, un de ces jours, avec mon père. Mais tâchez que M. Bernard ne soit point là; car, de mon côté, je le trouve très-bien, votre fils. »

GUILLAUME.

Oui, et cela te fait plaisir, à toi? ça caresse ton amour-propre, qu'une belle demoiselle, la fille du maire, te dise qu'elle trouve Bernard joli garçon?

MADAME VATRIN.

Sans doute.

GUILLAUME.

Et voilà que ta tête a battu la campagne, et que ton imagination a fait toute sorte de plans là-dessus?

MADAME VATRIN.

Dame, pourquoi pas?

GUILLAUME.

Tu as vu Bernard le gendre de M. le maire!

MADAME VATRIN.

Dame, s'il épousait sa fille...

GUILLAUME, ôtant sa casquette d'une main, et se prenant une poignée de cheveux de l'autre.

Tiens, vois-tu, j'ai connu des bécasses, des oies, des grues qui étaient plus fûtées que toi. Oh! mon Dieu, mon Dieu, si ça ne fait pas du mal d'entendre dire des choses pareilles! Enfin, n'importe, puisque je suis condamné à ça, faisons notre temps.

MADAME VATRIN.

Cependant, si j'ajoutais que M. Raisin lui-même m'a arrêtée, pas plus tard qu'hier, comme je venais de faire mon marché, et m'a dit : « Madame Vatrin, j'ai entendu parler de vos gibelottes, et j'irai un jour sans façon en manger une avec vous et le père Guillaume. »

GUILLAUME.

Mais tu ne vois donc pas le motif de tout cela?

MADAME VATRIN.

Non.

GUILLAUME.

Alors, je vais te l'expliquer, moi. C'est un malin, vois-tu, que M. le maire, moitié Normand, moitié Picard, qui a de l'honnêteté tout juste ce qu'il en faut pour ne pas être pendu. Eh bien, il espère qu'en te faisant parler de ton fils par sa fille, en te parlant lui-même de tes gibelottes, tu me tireras mon bonnet de coton sur les yeux; de sorte que, s'il abat quelque hêtre ou met à terre quelque chêne qui ne soit pas de son lot, je n'en ferai pas mon rapport... Ah! mais pas de cela, monsieur le maire! Coupez les foins de votre commune pour nourrir vos chevaux, cela ne me regarde pas; mais vous aurez beau me faire tous les compliments que vous voudrez, vous n'abattrez pas sur votre lot un soliveau de plus qu'il ne vous en a été vendu!... Bon! voilà ma pipe qui est éteinte.

MADAME VATRIN.

Soit, n'en parlons plus. Mais tu ne nieras pas, au moins, que le Parisien ne soit amoureux de Catherine?

GUILLAUME, faisant un geste comme pour casser sa pipe.

Bon! voilà que nous tombons de fièvre en chaud mal.

MADAME VATRIN.

Pourquoi cela?

GUILLAUME.

As-tu fini?

MADAME VATRIN.

Non.

GUILLAUME.

Je t'achète un petit écu ce qui te reste à dire, à la condition que tu ne le diras pas.

MADAME VATRIN.

Enfin, as-tu quelque chose contre lui?

GUILLAUME.

Le marché est-il fait?

MADAME VATRIN.

Un beau garçon!

GUILLAUME.

Trop beau!

MADAME VATRIN.

Riche!

GUILLAUME.

Trop riche!

MADAME VATRIN.

Galant!

GUILLAUME.

Trop galant, morbleu! trop galant!... Il pourra lui en coûter le bout de ses oreilles, sinon ses oreilles tout entières, pour sa galanterie.

MADAME VATRIN.

Je ne te comprends pas.

GUILLAUME.

Ça m'est bien égal; du moment que je me comprends, ça me suffit.

MADAME VATRIN.

Conviens, cependant, que ce serait un beau parti pour Catherine!

GUILLAUME.

D'abord, pour Catherine, rien n'est trop beau.

MADAME VATRIN.

Elle n'est cependant pas d'une défaite facile.

GUILLAUME.

Bon! voilà que tu vas dire qu'elle n'est pas belle...

MADAME VATRIN.

Jésus! elle est belle comme le jour.

GUILLAUME.

Qu'elle n'est pas sage...

MADAME VATRIN.
La sainte Vierge n'est pas plus pure qu'elle!
GUILLAUME.
Qu'elle n'est pas riche...
MADAME VATRIN.
Dame, avec la permission de Bernard, elle aura la moitié de ce que nous avons.
GUILLAUME.
Et sois tranquille, Bernard ne refusera pas la permission.
MADAME VATRIN.
Non, ce n'est pas tout cela.
GUILLAUME.
Qu'est-ce donc, alors?
MADAME VATRIN.
C'est l'histoire de la religion.
GUILLAUME.
Ah! oui, parce qu'elle s'appelle Catherine Blum, que son père était protestant, et qu'elle est protestante comme son père... La même chanson, toujours!
MADAME VATRIN.
Tu diras ce que tu voudras, il y a beaucoup de gens qui n'aimeraient pas voir entrer une hérétique dans leur famille.
GUILLAUME.
Une hérétique comme Catherine? Eh bien, je suis tout le contraire des autres, moi : je remercie chaque matin le bon Dieu qu'elle soit de la nôtre.
MADAME VATRIN, résolue.
Il n'y a pas de différence entre les hérétiques.
GUILLAUME.
Ah! tu sais cela, toi?
MADAME VATRIN.
Dans son dernier sermon, monseigneur l'évêque de Soissons a dit que tous les hérétiques étaient damnés.
GUILLAUME.
Tiens, je me moque de ce que dit l'évêque de Soissons comme de la cendre de ce tabac. (Il souffle dans sa pipe, madame Vatrin se recule vivement.) Est-ce que l'abbé Grégoire ne dit pas, lui, non-seulement dans ses sermons, mais encore à tout propos, que les bons cœurs sont élus?

MADAME VATRIN.

Oui; mais l'évêque en doit savoir plus que lui, puisqu'il est évêque et que l'abbé n'est qu'abbé.

GUILLAUME, s'échauffant.

Ah!... Eh bien, maintenant, un conseil, la mère!

MADAME VATRIN.

Lequel?

GUILLAUME.

Tu as assez parlé.

MADAME VATRIN.

Moi?

GUILLAUME.

C'est mon avis, du moins. Eh bien, crois-moi, ne parle plus que je ne te questionne, ou, mille millions de sacrements!...

MADAME VATRIN.

C'est justement parce que j'aime Catherine comme j'aime Bernard que j'ai fait... ce que j'ai fait.

GUILLAUME.

Ah! tu as fait quelque chose, et tu me gardais cela pour la fin? Ce doit être du joli! Voyons un peu ce que tu as fait.

MADAME VATRIN.

Parce que, si Bernard pouvait épouser mademoiselle Euphrosine, et le Parisien, Catherine...

GUILLAUME.

Voyons, qu'as-tu fait?

MADAME VATRIN, lui parlant sous le nez.

Ce jour-là, le père Guillaume serait forcé de reconnaître que je ne suis pas une bécasse, une oie sauvage, une grue.

GUILLAUME.

Ah! quant à cela, je le reconnais tout de suite : les bécasses, les oies sauvages et les grues sont des oiseaux de passage, tandis que voilà vingt-six ans que tu me fais enrager, printemps, été, automne et hiver! Voyons, accouche... Qu'as-tu fait?

MADAME VATRIN.

J'ai dit à M. le maire, qui me faisait compliment sur mes gibelottes : « Eh bien, monsieur le maire, demain, c'est double fête à la maison : fête pour la fête de Corcy, de la paroisse de laquelle nous relevons; fête pour le retour de Catherine; eh bien, venez manger une gibelotte à la maison avec mademoiselle Euphrosine et M. Louis Chollet. »

GUILLAUME, brisant le tuyau de sa pipe entre ses dents.

Ce qu'il a accepté, n'est-ce pas ?

MADAME VATRIN.

Sans fierté !

GUILLAUME.

Oh ! vieille cigogne !... Elle sait que je ne peux pas le voir, son maire; elle sait que je ne peux pas la sentir, sa bégueule d'Euphrosine; elle sait que je l'évente d'une lieue, son Parisien; eh bien, elle les invite à dîner chez moi, et quand cela ? un jour de fête !

MADAME VATRIN.

Enfin...

GUILLAUME.

Oui ; ils sont invités, n'est-ce pas ? Voilà le principal.

MADAME VATRIN.

On ne peut pas les désinviter.

GUILLAUME.

Non, par malheur; mais je sais quelqu'un qui digérera mal son dîner, ou plutôt qui ne le digérera pas du tout. Adieu.

MADAME VATRIN.

Où vas-tu ?

GUILLAUME.

J'ai entendu le fusil de François, et, après le fusil de François, l'hallali. Je vais voir le sanglier.

MADAME VATRIN, d'un air suppliant.

Vieux !...

GUILLAUME.

Non.

MADAME VATRIN.

Si j'ai eu tort...

GUILLAUME.

Tu as eu tort.

MADAME VATRIN.

Pardonne-moi ! J'ai agi dans une bonne intention.

GUILLAUME.

De bonnes intentions, l'enfer en est pavé.

MADAME VATRIN.

Écoute donc !

GUILLAUME.

Oh! laisse-moi tranquille, ou...

MADAME VATRIN.

Oh! ça m'est bien égal! Je ne veux pas que tu sortes ainsi; je ne veux pas que tu me quittes en colère. Vieux! à notre âge, surtout, quand on se sépare, si courte que doive être la séparation, Dieu seul sait si l'on se reverra.

GUILLAUME, voyant que sa femme pleure.

Grosse bête, avec ta colère! Je suis en colère contre M. Raisin, et non contre ma vieille, la!

MADAME VATRIN.

Ah!

GUILLAUME.

Voyons embrasse-moi, radoteuse!

(Il l'embrasse.)

MADAME VATRIN.

C'est égal, tu m'as appellée vieille cigogne!

GUILLAUME.

Eh bien, après? Est-ce que la cigogne n'est pas un oiseau de bon augure? est-ce qu'elle ne porte pas bonheur aux maisons où elle fait son nid? Eh bien, tu as fait ton nid dans ma maison, et tu lui portes bonheur, voilà ce que je voulais dire... Attends donc! attends donc!

(On entend le bruit d'une carriole qui s'arrête devant la porte.)

MADAME VATRIN.

Qu'est-ce que c'est que cela?

UNE VOIX, en dehors.

Papa Guillaume! maman Marianne! C'est moi! me voilà!

GUILLAUME et MADAME VATRIN.

Catherine!

SCÈNE II

LES MÊMES, CATHERINE.

CATHERINE.

Oui, Catherine! moi! moi! moi!

GUILLAUME.

Ah! fillette!...

CATHERINE.

Êtes-vous contents de me revoir?

MADAME VATRIN.

Je crois bien!

GUILLAUME.

Pas de Bernard à la chasse! pas de Bernard ici! Où diable peut-il être?

(On entend les cris des Gardes, mêlés à une fanfare.)

CATHERINE.

Qu'est-ce que c'est que cela, mon Dieu?

GUILLAUME.

Ça n'a-t-il pas l'air d'une fanfare pour ton retour?

SCÈNE III

Les Mêmes, FRANÇOIS, Gardes forestiers.

FRANÇOIS.

Victoire, père Guillaume! victoire!

GUILLAUME.

Il est donc mort?

FRANÇOIS.

Mort! occis! trépassé! Tiens, mademoiselle Catherine!... Ah! vivat! la fête est complète... Bonjour, mademoiselle Catherine!

GUILLAUME.

Mais comment arrives-tu de si bonne heure, et par la route de la Ferté-Milon?

CATHERINE.

Laissez-moi d'abord répondre à ce pauvre François. Bonjour, François!

FRANÇOIS.

Par la route de la Ferté-Milon, mademoiselle Catherine?

CATHERINE.

Oui.

FRANÇOIS.

Ah! vous m'enlevez, sans le savoir, un fier poids de dessus le cœur, allez!

MADAME VATRIN.

Mais comment arrives-tu par la Ferté-Milon?

GUILLAUME.

Oui, et comment nous arrives-tu à huit heures du matin, au lieu d'arriver à dix?

CATHERINE.

Je vais vous dire cela, père chéri ; je vais vous dire cela, bonne mère. C'est qu'au lieu de venir par la diligence de Nanteuil et de Villers-Cotterets, je suis venue par celle de Meaux et de la Ferté-Milon, qui part à sept heures de Paris, au lieu de partir à dix.

FRANÇOIS, à part.

Bon ! il en aura été pour ses frais de tilbury, le Parisien.

GUILLAUME.

Mais pourquoi as-tu pris ce chemin-là, qui te faisait faire quatre lieues de plus ?

CATHERINE.

Parce que je n'ai pas trouvé de place à la diligence de Villers-Cotterets, bon père. C'était une idée, n'est-ce pas ?

FRANÇOIS, à part.

Oui, et une idée dont te remerciera Bernard, bel ange du bon Dieu !

MADAME VATRIN.

Mais regardez donc ! elle est grandie de toute la tête.

GUILLAUME, haussant les épaules.

Et pourquoi pas du cou avec ?

MADAME VATRIN.

Oh ! d'ailleurs, c'est bien facile à vérifier : quand elle est partie, je l'ai mesurée ; la marque est contre le chambranle de la porte. Tiens, la voilà ! Je la regardais tous les jours. Viens voir, Catherine.

CATHERINE.

Oui, mère.

GUILLAUME, l'embrassant encore.

Tu n'as donc pas oublié le pauvre vieux ?

CATHERINE.

Pouvez-vous demander cela, père chéri !

MADAME VATRIN.

Mais viens donc voir ta marque, Catherine !

GUILLAUME.

Te tairas-tu, là-bas, avec tes bêtises ?

FRANÇOIS.

Ah ! oui, prenez garde qu'elle se taise !

MADAME VATRIN.

Viens à la porte, et tu verras.

GUILLAUME.

Satanée entêtée! (A Catherine.) Tiens vas-y, à la porte, ou nous n'aurons pas de paix de toute la journée.

(Catherine va à la porte et se mesure.)

MADAME VATRIN.

Eh bien, quand je le disais! plus d'un demi-pouce!

GUILLAUME.

Ça ne fait pas tout à fait la tête; mais n'importe! Alors, tu as voyagé toute la nuit?

CATHERINE.

Oui, bon père, toute la nuit.

MADAME VATRIN.

Mais, dans ce cas, pauvre enfant, tu dois être écrasée de fatigue, tu dois mourir de faim! Que veux-tu? du café? du vin? un bouillon? Tiens, du café, cela vaudra mieux. Attends, je vais aller te le faire moi-même... Bon! où sont mes clefs? (Elle se fouille.) Voilà que je ne sais plus ce que j'ai fait de mes clefs; mes clefs sont perdues! où donc ai-je mis mes clefs? Attends! attends!

CATHERINE.

Mais je vous dis, chère mère, que je n'ai besoin de rien.

MADAME VATRIN.

Besoin de rien, après une nuit passée en carriole?... Oh! si je savais seulement où sont mes clefs!

CATHERINE.

Inutile!

MADAME VATRIN.

Voilà mes clefs! voilà mes clefs! Inutile? Je sais cela mieux que toi, peut-être. Quand on voyage, surtout la nuit, le matin on a besoin de se refaire. La nuit n'est l'amie de personne. Avec cela qu'elles sont toujours fraîches, les nuits! Et rien de chaud encore sur l'estomac, à huit heures du matin! Tu vas avoir ton café à la minute, mon enfant, tu vas l'avoir!

(Elle sort.)

SCÈNE IV

Les Mêmes, hors MADAME VATRIN.

GUILLAUME.

Morbleu ! elle a un fier moulin pour le moudre, son café, si c'est le même qui lui sert à moudre des paroles.

CATHERINE.

Cher petit père, imaginez-vous que ce maudit postillon m'a gâté toute ma joie en allant au pas et en mettant trois heures pour venir de la Ferté-Milon ici.

GUILLAUME.

Et quelle joie voulais-tu te donner, ou plutôt nous donner, petite ?

CATHERINE.

Je voulais arriver à six heures du matin, descendre à la cuisine sans rien dire, et, quand vous auriez crié : « Femme, mon déjeuner ! » c'est moi qui vous l'aurais apporté et qui vous aurais dit, à la manière d'autrefois : « Le voici, petit père. »

GUILLAUME.

Tu voulais faire cela, enfant du bon Dieu ? Laisse-moi donc t'embrasser comme si tu l'avais fait. Oh ! l'animal de postillon ! il ne faudra pas lui donner de pourboire.

CATHERINE.

C'était aussi mon intention ; mais, quand j'ai vu la chère maison de ma jeunesse qui blanchissait le long de la grande route, j'ai tout oublié ; j'ai tiré cinq francs de ma poche, et j'ai dit à mon conducteur : « Tenez, mon ami, voilà pour vous, et que Dieu vous bénisse ! »

GUILLAUME.

Chère enfant ! chère enfant ! chère enfant !

CATHERINE, regardant autour d'elle.

Mais dites donc, père...

GUILLAUME, comprenant.

Oui, n'est-ce pas ?

CATHERINE.

Il me semble...

GUILLAUME.

Que celui qui aurait dû être ici avant tous les autres, y a manqué.

CATHERINE.

Bernard...

GUILLAUME.

C'est vrai; mais, sois tranquille, il était là tout à l'heure et ne saurait être loin. Je vais courir jusqu'au Saut-du-cerf; de là, je verrai à une demi-lieue sur la route, et, si je l'aperçois, je le ramènerai.

(François fait signe à Catherine de laisser aller Guillaume.)

CATHERINE.

Eh bien, allez, cher père.

(Elle l'accompagne jusqu'à la porte en le câlinant.)

SCÈNE V

CATHERINE, FRANÇOIS.

CATHERINE.

Tu me faisais signe de laisser aller le père, n'est-ce pas, François?

FRANÇOIS.

Oui.

(Il regarde autour de lui.)

CATHERINE.

Tu sais donc où est Bernard?

FRANÇOIS.

Sur la route de Gondreville.

CATHERINE.

Sur la route de Gondreville?

FRANÇOIS.

Vous comprenez, n'est-ce pas? il est allé au-devant de vous.

CATHERINE.

Mon Dieu! je vous remercie; c'est vous qui m'avez inspiré de revenir par la Ferté-Milon, au lieu de revenir par Villers-Cotterets.

FRANÇOIS.

Chut! voilà la mère qui rentre... Bon! elle a oublié son sucre.

CATHERINE, vivement.

François, mon ami, une grâce !

FRANÇOIS.

Une grâce? Dix, vingt, trente, quarante! à vos ordres, la nuit comme le jour.

CATHERINE.

Eh bien, mon cher François, va au-devant de lui, et préviens-le que je suis arrivée par la route de la Ferté-Milon.

FRANÇOIS.

Voilà tout? Ce n'est pas bien difficile. Une, deux, trois ! Au revoir, mademoiselle Catherine !

CATHERINE.

Pas par là !

FRANÇOIS.

Bon! vous avez raison: père Bougon me verrait et me demanderait : « Où vas-tu? » (Ouvrant la fenêtre et sautant par la fenêtre.) Par ici !

CATHERINE.

Voilà la mère !

FRANÇOIS.

Soyez tranquille, je vous le ramène !

SCÈNE VI

MADAME VATRIN, CATHERINE.

MADAME VATRIN.

Tiens, voilà ton café... Il est trop chaud, peut-être? Attends, je vais souffler dessus.

CATHERINE.

Merci, maman ; je vous assure que, depuis que je vous ai quittée, j'ai appris à souffler moi-même sur mon café.

MADAME VATRIN, contemplant Catherine.

Est-ce que cela t'a coûté beaucoup, de dire adieu à la grande ville?

CATHERINE, mangeant son café.

Oh! mon Dieu, non, maman ; je n'y connais personne.

MADAME VATRIN.

Eh quoi ! tu n'as pas regretté les beaux messieurs, les spectacles, les promenades?

CATHERINE.
Je n'ai rien regretté, bonne mère, je vous jure.
MADAME VATRIN.
Tu n'aimais donc personne là-bas?
CATHERINE, riant.
A Paris? Non, personne.
MADAME VATRIN.
Tant mieux! car j'ai une idée pour ton établissement.
CATHERINE.
Pour mon établissement?
MADAME VATRIN.
Oui, tu sais, Bernard...
CATHERINE.
Bernard? Oui, chère mère!
MADAME VATRIN.
Eh bien, Bernard...
CATHERINE, commençant à s'inquiéter.
Bernard?
MADAME VATRIN.
Il aime mademoiselle Euphrosine.
CATHERINE.
Bernard! Bernard aime mademoiselle Euphrosine?... Ah! mon Dieu, que me dites-vous là, maman?
MADAME VATRIN.
Oui, et elle aussi, elle aime Bernard; si bien que nous n'avons qu'à dire, le père et moi : « Nous consentons, » et l'affaire est faite.
CATHERINE.
Oh! mon Dieu! mon Dieu!
MADAME VATRIN.
Seulement, le vieux ne veut pas, lui.
CATHERINE.
Ah! vraiment, il ne veut pas? Bon père Guillaume!
MADAME VATRIN.
Il soutient que ce n'est pas vrai, que je suis aveugle comme une taupe, et que Bernard n'aime pas mademoiselle Euphrosine.
CATHERINE.
Ah!

MADAME VATRIN.

Mais c'est qu'il soutient cela, c'est qu'il dit qu'il en est sûr...

CATHERINE.

Mon cher oncle!

MADAME VATRIN.

Mais te voilà, mon enfant, Dieu merci! et tu m'aideras à le persuader.

CATHERINE.

Moi?

MADAME VATRIN.

Et, quand tu te marieras, tâche toujours de maintenir ton autorité sur ton mari, ou sinon, il t'arrivera ce qui m'arrive.

CATHERINE.

Et que vous arrive-t-il, ma mère?

MADAME VATRIN.

Que tu ne compteras plus pour rien dans la maison.

CATHERINE.

Ma mère, à la fin de ma vie, je dirai que Dieu m'a comblée de bienfaits s'il me donne une existence pareille à la vôtre.

MADAME VATRIN.

Oh! oh!

CATHERINE.

Ne vous plaignez pas, mon Dieu: mon oncle vous aime tant!

MADAME VATRIN.

Certainement qu'il m'aime; mais...

CATHERINE.

Pas de *mais*, ma bonne tante! Vous l'aimez, il vous aime; le ciel a permis que vous fussiez unis; le bonheur de la vie est dans ces deux mots.

(Elle fait quelques pas vers la porte.)

MADAME VATRIN.

Où vas-tu?

CATHERINE.

Je monte à ma petite chambre. Depuis mon départ, je ne l'ai pas revue, et elle aussi, c'est une amie; j'y ai été si heureuse! Et puis...

MADAME VATRIN.

Et puis quoi?

CATHERINE.

Ma chambre donne sur la route par laquelle Bernard doit venir, et Bernard est le seul qui ne m'ait pas encore souhaité ma bienvenue dans cette chère maison.

(Elle sort.)

SCÈNE VII

MADAME VATRIN, puis MATHIEU.

MADAME VATRIN, à elle-même.

Est-ce que le vieux aurait raison? est-ce que c'est moi qui me serais trompée?

MATHIEU, avec une vieille livrée et un chapeau galonné.

Eh! dites donc, madame Vatrin!

MADAME VATRIN.

Ah! c'est toi, mauvais sujet!

MATHIEU, ôtant son chapeau.

Merci!... Seulement, faites attention qu'à partir d'aujourd'hui, je remplace le vieux Pierre et suis au service de M. le maire; or, c'est insulter M. le maire que de m'insulter.

MADAME VATRIN.

Bon! te voilà; et que viens-tu faire?

MATHIEU.

Je viens en coureur; on n'a pas encore eu le temps de me faire dérater; voilà pourquoi je m'essouffle. Je viens vous annoncer que mademoiselle Euphrosine et son papa arrivent à l'instant même en calèche.

MADAME VATRIN.

En calèche?

MATHIEU.

Oui, en calèche, rien que cela!

MADAME VATRIN, radoucie.

Mon Dieu! où sont-ils?

MATHIEU.

Le papa est avec M. Guillaume? Ils causent ensemble de leurs affaires.

MADAME VATRIN.

Et mademoiselle Euphrosine?

MATHIEU.

La voilà. (Annonçant.) Mademoiselle Euphrosine Raisin, fille de M. le maire,

SCÈNE VIII

MADAME VATRIN, EUPHROSINE, MATHIEU, un peu à l'écart.

MADAME VATRIN.

Ah! ma chère demoiselle!

EUPHROSINE.

Bonjour, ma chère madame Vatrin!

MADAME VATRIN.

Comment! c'est vous! vous dans notre pauvre petite maison! Mais asseyez-vous donc!... Dame, les chaises ne sont pas rembourrées comme chez vous. N'importe, asseyez-vous, je vous prie. Et moi qui ne suis point habillée... Je ne m'attendais pas à vous voir de si bon matin.

EUPHROSINE.

Vous nous excuserez, chère madame Vatrin, mais on est toujours pressé de voir les gens que l'on aime.

MADAME VATRIN.

Oh! vous êtes bien bonne! En vérité, je suis toute honteuse.

EUPHROSINE, écartant sa mante et se montrant très-parée.

Bon! vous savez que je ne tiens pas à la cérémonie, et moi-même, vous voyez...

MADAME VATRIN.

Je vois que vous êtes belle à ravir et parée comme une châsse! Mais ce n'est pas ma faute si je suis en retard : c'est que la fillette nous est arrivée ce matin.

EUPHROSINE.

N'est-ce pas de la petite Catherine que vous voulez parler?

MADAME VATRIN.

D'elle-même... Mais nous nous trompons toutes les deux : moi, en l'appelant la fillette, et vous, la petite Catherine. C'est véritablement une grande fille maintenant; aussi grande que moi.

EUPHROSINE.

Ah! tant mieux! Je l'aime beaucoup, votre nièce.

MADAME VATRIN.

Bien de l'honneur pour elle, mademoiselle!

EUPHROSINE.

Quel mauvais temps! Comprenez-vous, pour un jour de mai! A propos, où est donc M. Bernard?

MADAME VATRIN.

Bernard? En vérité, je n'en sais rien. Il devrait être ici, puisque vous y êtes. Sais-tu où il est, toi, Mathieu?

MATHIEU.

Moi? Et comment voulez-vous que je sache cela?

EUPHROSINE.

Il est sans doute près de sa cousine?

MADAME VATRIN.

Non.

EUPHROSINE.

Et est-elle embellie, votre nièce?

MADAME VATRIN.

Embellie?

EUPHROSINE.

Je vous le demande.

MADAME VATRIN, embarrassée.

Elle est... elle est gentille.

EUPHROSINE.

Pourvu que Paris ne lui ait pas donné des habitudes au-dessus de sa position.

MADAME VATRIN.

Il n'y a pas de danger! D'ailleurs, vous savez qu'elle n'était à Paris que pour y apprendre l'état de lingère et de faiseuse de modes.

EUPHROSINE.

Et vous croyez qu'elle n'aura pas appris autre chose, à Paris? Tant mieux!... Mais qu'avez-vous donc, madame Vatrin? Vous me semblez inquiète.

MADAME VATRIN.

Ne faites pas attention, mademoiselle... Cependant, si vous le permettiez, j'appellerais Catherine, qui viendrait vous tenir compagnie, tandis que j'irais...

(Elle jette un coup d'œil sur son négligé.)

EUPHROSINE.

Faites comme vous voudrez... Quant à moi, je serai charmée de la voir, cette chère petite.

MADAME VATRIN, appelant.

Catherine ! Catherine ! Vite, mon enfant, descends ! descends ! C'est mademoiselle Euphrosine qui est là. Allons, descends ! descends !... (A Euphrosine.) Maintenant, mademoiselle, vous permettez?

EUPHROSINE.

Comment donc ! allez, allez ! (Madame Vatrin sort.) Elle est plus que gentille, cette petite ! Que disait donc la mère Vatrin ?

SCÈNE IX

CATHERINE, EUPHROSINE.

CATHERINE.

Pardon, mademoiselle, mais j'ignorais que vous fussiez ici; sans quoi, je me serais empressée de descendre et de vous présenter mes hommages.

EUPHROSINE, à part.

« Que vous fussiez... Empressée de descendre... Présenter mes hommages... ». Mais, en vérité, c'est tout à fait une Parisienne; il faudra la marier avec M. Chollet : les deux feront la paire... (A Catherine.) Mademoiselle, j'ai bien l'honneur de vous saluer.

CATHERINE.

Ma tante a-t-elle songé à s'informer si vous aviez besoin de quelque chose?

EUPHROSINE.

Oui, mademoiselle; mais je n'avais besoin de rien. Avez-vous rapporté de nouveaux patrons de Paris ?

CATHERINE.

J'ai essayé, dans le mois qui a précédé mon départ, de réunir ce qu'il y avait de plus nouveau, oui, mademoiselle.

EUPHROSINE.

Vous avez appris à faire des bonnets, là-bas?

CATHERINE.

Des bonnets et des chapeaux.

EUPHROSINE.

Chez qui étiez-vous? Chez madame Baudran? chez madame Barenne? chez mademoiselle Alexandrine?

CATHERINE.

J'étais dans une maison plus modeste, mademoiselle; mais j'espère cependant n'en savoir pas plus mal mon état.

EUPHROSINE.

C'est ce que nous verrons aussitôt que vous serez installée dans votre magasin; je vous enverrai quelques vieux bonnets à refaire et un chapeau de l'an dernier à retoucher.

CATHERINE.

Merci, mademoiselle.

LA VOIX DE BERNARD, dans le lointain, mais se rapprochant peu à peu.

Catherine!... Catherine!... Où est donc Catherine?

CATHERINE.

Bernard! c'est lui!

SCÈNE X

Les Mêmes, BERNARD, FRANÇOIS.

BERNARD, couvert de poussière, s'élançant dans la chambre.

Ah!... C'est donc toi! Enfin! enfin!

CATHERINE.

Bernard! cher Bernard!

SCÈNE XI

Les Mêmes, MADAME VATRIN, reparaissant.

MADAME VATRIN.

Eh bien, Bernard, est-ce que c'est là une manière d'entrer?

BERNARD, sans écouter sa mère.

Ah! Catherine! si tu savais ce que j'ai souffert, va! Je croyais... j'ai craint... Mais rien, te voilà! Tu as pris par Meaux et la Ferté-Milon, n'est-ce pas? Je sais cela. De sorte que tu as voyagé toute la nuit et fait trois lieues en carriole; François me l'a dit... Pauvre chère enfant! Oh! que je suis donc heureux, que je suis donc content de te revoir!

MADAME VATRIN.

Mais, garçon ! mais, garçon ! tu ne vois donc pas mademoiselle Euphrosine ?

BERNARD, levant la tête.

Ah ! pardon, c'est vrai... Excusez-moi, je ne vous voyais pas... Votre serviteur, mademoiselle !... Mais, ma mère, ma mère, regardez donc comme elle est grande ! comme elle est belle !

EUPHROSINE.

Avez-vous fait bonne chasse, monsieur Bernard ?

BERNARD.

Moi ? Non... Oui... Si... Je ne sais pas. Qui est-ce qui a chassé ?... Tenez, excusez-moi, mademoiselle, je perds la tête, tant je suis joyeux ! J'ai été au-devant de Catherine, voilà tout ce que je sais.

EUPHROSINE.

Et vous ne l'avez pas rencontrée, à ce qu'il paraît ?

BERNARD.

Non, par bonheur.

EUPHROSINE.

Par bonheur ?

BERNARD.

Oui, je sais ce que je dis.

EUPHROSINE.

Si vous savez ce que vous dites, je ne sais pas, moi, ce que j'ai, mais... mais je ne me trouve pas bien, monsieur Bernard...

BERNARD.

Ma mère, ma mère, voyez...

MADAME VATRIN.

Mon Dieu ! Bernard, n'entends-tu pas que mademoiselle dit qu'elle ne se trouve pas bien ?

BERNARD.

Sans doute qu'il fait trop chaud ici... Mère, donne le bras à mademoiselle Euphrosine... Et toi, François... François, où es-tu ?

FRANÇOIS.

Présent !

BERNARD.

Porte un fauteuil dehors.

FRANÇOIS.

Voilà le fauteuil demandé.

EUPHROSINE.

Non, merci, ce ne sera rien...

MADAME VATRIN.

Oh ! si fait ! vous êtes toute pâle, ma chère demoiselle ! On dirait que vous allez vous évanouir.

EUPHROSINE.

Si, du moins, vous me donniez le bras, monsieur Bernard...

CATHERINE.

Bernard, je t'en prie...

BERNARD.

Comment ! mademoiselle, mais avec le plus grand plaisir ! (Donnant le bras à Euphrosine et l'entraînant vers la porte.) Venez, mademoiselle ! venez !

FRANÇOIS.

Voilà le fauteuil.

MADAME VATRIN.

Et du vinaigre, pour vous frotter les tempes.

SCÈNE XII

CATHERINE, seule.

Ah ! maintenant, la mère peut dire tout ce qu'elle voudra, e suis bien sûre que c'est moi qu'il aimé, moi, et pas une autre !

SCÈNE XIII

CATHERINE, BERNARD.

BERNARD, rentrant précipitamment et tombant à genoux devant Catherine.

Oh ! Catherine, Catherine, que je t'aime et que je suis heureux !

CATHERINE.

Cher Bernard !

(Pendant que François, en riant, ferme la porte qui donne sur la route, Mathieu passe sa tête par la porte du fournil.)

SCÈNE XIV

Les Mêmes, MATHIEU.

MATHIEU, à part.

Ah ! monsieur Bernard ! vous m'avez donné un soufflet !... Ce soufflet-là vous coûtera cher !

ACTE TROISIÈME

Même décoration.

SCÈNE PREMIÈRE

GUILLAUME, RAISIN.

Ils examinent un plan de la forêt de Villers-Cotterets.

GUILLAUME.

Savez-vous que c'est un joli lot que vous avez eu là, monsieur le maire, et pas cher du tout?

RAISIN.

Pas cher du tout, vingt mille francs? Il paraît que l'argent vous est facile à gagner, père Guillaume !

GUILLAUME.

Ah ! oui, parlons de cela ! Neuf cents livres par an; le logement, le chauffage; tous les jours, deux lapins dans la casserole; les jours de grande fête, un morceau de sanglier. Il y a là de quoi devenir millionnaire, n'est-ce pas ?

RAISIN.

Bah ! on devient toujours millionnaire quand on veut, relativement parlant, bien entendu !

GUILLAUME.

Alors, dites-moi un peu votre secret. Cela me fera plaisir, parole d'honneur !

RAISIN.

Eh bien, on vous le dira, père Guillaume, ce secret, après le dîner, en tête-à-tête, en buvant à la santé de nos enfants respectifs ; et, s'il y a moyen, père Guillaume, eh bien, on fera des affaires.

SCÈNE II

Les Mêmes, MADAME VATRIN.

MADAME VATRIN.

Ah ! monsieur le maire, en voilà un malheur !

RAISIN.

Eh ! mon Dieu, lequel donc, madame Vatrin ?

GUILLAUME.

Oui, lequel ? Car, avant de s'effrayer, il est bon de savoir...

RAISIN.

Voyons, madame Vatrin, qu'est-il arrivé ?

MADAME VATRIN.

Il est arrivé que voilà mademoiselle Euphrosine qui dit comme ça qu'elle est indisposée.

RAISIN.

Bah ! tranquillisez-vous, ce ne sera rien.

GUILLAUME, à part.

Bégueule !...

MADAME VATRIN.

Mais c'est qu'elle veut absolument retourner à la ville.

RAISIN.

Allons, bon ! Chollet est-il là ? S'il est là, qu'il la reconduise.

MADAME VATRIN.

Non, on ne l'a pas vu ; et c'est, j'en ai peur, ce qui a encore augmenté le mal de la demoiselle.

RAISIN.

Et où est Euphrosine ?

MADAME VATRIN.

Elle est remontée dans la calèche, et elle vous demande.

RAISIN.

Eh bien, soit, attendez, c'est cela !... Au revoir ! au revoir, papa Vatrin ! Nous avons à causer, et longuement. Je vais la reconduire, et, dans une heure, — les chevaux sont bons, — dans une heure, je serai ici, et, si vous êtes bon garçon...

GUILLAUME.

Si je suis bon garçon?

RAISIN.

Eh bien, touchez là! je ne vous en dis pas davantage... Au revoir, père Guillaume! Au revoir, maman Vatrin! soignez la gibelotte!

GUILLAUME, à part.

Hum! hum!

MADAME VATRIN.

Au revoir, monsieur le maire! au revoir! Faites bien nos excuses à mademoiselle Euphrosine.

(Raisin sort.)

SCÈNE III

GUILLAUME, MADAME VATRIN.

MADAME VATRIN.

Ah! mon pauvre vieux, j'espère que tu gronderas Bernard.

GUILLAUME.

Et de quoi le gronderais-je, s'il te plaît?

MADAME VATRIN.

Comment! de ce qu'il n'a d'yeux que pour Catherine, et qu'il a à peine salué mademoiselle Raisin.

GUILLAUME.

C'est qu'il a vu mademoiselle Raisin à peu près tous les jours depuis dix-huit mois, et que, pendant ces dix-huit mois, il n'a vu que deux fois sa cousine.

MADAME VATRIN.

C'est égal... Ah! mon Dieu, mon Dieu, le méchant enfant!

GUILLAUME.

Dis donc, la mère?

MADAME VATRIN.

Eh bien, quoi?

GUILLAUME.

As-tu entendu ce que t'a dit, M. Raisin?

MADAME VATRIN.

A quel propos?

GUILLAUME.

A propos de ta gibelotte... Il t'a recommandé de la soigner.

MADAME VATRIN.

Eh bien?

GUILLAUME.

Eh bien, je crois qu'elle brûle.

MADAME VATRIN.

Ah! oui, je comprends, tu me renvoies?

GUILLAUME.

Je ne te renvoie pas; je te dis seulement d'aller voir à la cuisine si j'y suis.

MADAME VATRIN.

C'est bon! on y va, à la cuisine, on y va.

GUILLAUME.

Regarde un peu, la mère : quand on pense que ce n'est pas plus difficile que cela d'être aimable, et que tu l'es si rarement !

MADAME VATRIN.

Je suis aimable parce que je m'en vais? C'est gracieux, ce que tu me dis là!... (Guillaume s'approche de la fenêtre, et se met à siffler la vue.) Ah! oui, siffle la vue... Enfin!...

(Elle sort.)

SCÈNE IV

GUILLAUME, seul.

Oui, je siffle la vue... Je siffle la vue, parce que je vois mes pauvres chers enfants, et que ça me fait plaisir de les voir. Tenez, ne dirait-on pas deux anges du bon Dieu, tant ils sont beaux et souriants? Ils viennent par ici... Ne les dérangeons pas... (Il monte l'escalier, s'arrête à la porte de sa chambre pour voir encore les deux jeunes gens, et ne disparaît qu'au moment où ils entrent.) Dieu vous bénisse, enfants!... Ils ne m'entendent pas; tant mieux! C'est qu'ils écoutent une autre voix qui chante plus doucement que la mienne...

SCÈNE V

BERNARD, CATHERINE.

CATHERINE.

M'aimeras-tu toujours?

BERNARD.

Toujours !

CATHERINE.

Eh bien, c'est singulier, cette promesse, qui devrait me remplir le cœur de joie, me rend toute triste.

BERNARD.

Pauvre Catherine! si je te rends triste en te disant que je t'aime, je ne sais plus que te dire pour t'égayer, alors.

CATHERINE.

Bernard, tes parents sont mariés depuis vingt-six ans; sauf quelques petites querelles sans importance, ils vivent aussi heureux que le premier jour de leur mariage; chaque fois que je les regarde, je me demande si nous serons aussi heureux, et surtout si nous serons aussi longtemps heureux qu'ils l'ont été.

BERNARD.

Et pourquoi pas?

CATHERINE.

Cette question que je te fais, Bernard, si j'avais une mère, ce serait cette mère qui, inquiète pour le bonheur de sa fille, te la ferait elle-même. Mais je n'ai ni père ni mère; je suis orpheline, et tout mon bonheur, comme tout mon amour, est entre tes mains. Écoute, Bernard : si tu crois qu'il te soit possible de m'aimer un jour moins que tu ne m'aimes à cette heure, rompons à l'instant... J'en mourrai, je le sais bien; mais, si tu devais ne plus m'aimer un jour, oh! je préférerais mourir tandis que tu m'aimes, plutôt que d'attendre ce jour-là.

BERNARD.

Regarde-moi, Catherine, et tu liras ma réponse dans mes yeux.

CATHERINE.

Mais t'es-tu éprouvé, Bernard? es-tu sûr que ce n'est pas l'amitié d'un frère, que c'est bien l'amour d'un amant que tu as pour moi?

BERNARD.

Je ne me suis pas éprouvé; mais tu m'as éprouvé, toi.

CATHERINE.

Moi! Et comment cela?

BERNARD.

Par tes dix-huit mois d'absence! Crois-tu que ce n'est pas

une épreuve suffisante que ces dix-huit mois de séparation ? A part mes deux voyages à Paris, depuis ton départ, je n'ai pas vécu ; car cela ne s'appelle pas vivre, que de vivre sans son âme, de ne rien aimer, de n'avoir goût à rien, d'être sans cesse de mauvaise humeur... Eh ! mon Dieu, tous ceux qui me connaissent te le diront... Ma forêt, cette belle forêt où je suis né, mes grands arbres pleins de murmures, mes beaux hêtres à l'écorce d'argent ; eh bien, depuis ton départ, rien de tout cela ne me plaisait plus. Autrefois, quand, le matin, je partais pour la chasse, dans la voix de tous les oiseaux qui s'éveillaient, qui chantaient l'aurore au Seigneur, j'entendais ta voix... Le soir, quand je revenais, que, quittant mes compagnons qui suivaient le sentier, je m'enfonçais dans le bois, c'est qu'il y avait comme un beau fantôme blanc qui m'appelait, qui glissait entre les arbres, qui me montrait mon chemin, qui disparaissait à mesure que j'approchais de la maison, et que je retrouvais debout et m'attendant à la porte... Depuis que tu es partie, Catherine, il n'y a pas eu de matinée où je n'aie dit aux autres : « Où sont donc les oiseaux ? Je ne les entends plus chanter comme autrefois ! » et il n'y a pas eu de soir où, au lieu d'arriver avant mes compagnons, gai et dispos, je ne sois arrivé le dernier, las, triste et fatigué !

CATHERINE.

Cher Bernard !

BERNARD.

Mais, depuis que tu es là, tout est changé ! Les oiseaux sont revenus dans les branches ; mon beau fantôme, j'en suis sûr, m'attend là-bas sous la futaie, pour me faire quitter le sentier et me guider vers la maison, et, sur le seuil de cette maison, oh ! sur ce seuil, je suis certain maintenant de retrouver, non plus le fantôme de l'amour, mais la réalité du bonheur !

CATHERINE.

Oh ! mon Bernard, combien je t'aime !

BERNARD.

Et puis... et puis... Mais non, je ne veux pas te parler de cela.

CATHERINE.

Parle-moi de tout ; dis-moi tout ; je veux tout savoir.

BERNARD.

Et puis, Catherine, quand, ce matin, ce mauvais esprit de Mathieu m'a montré cette lettre du Parisien, la lettre où cet homme te parlait, à toi, ma Catherine, à qui je ne parle, moi, que comme à la sainte Vierge! te parlait, à toi, mon beau muguet des bois, ainsi qu'il parle à ces filles de la ville, eh bien, j'ai senti une telle douleur, que j'ai cru que j'allais mourir! et, en même temps, une telle rage, que je me suis dit : « Je vais mourir ; mais, avant que de mourir, oh! du moins, je le tuerai ! »

CATHERINE.

Oui, et voilà pourquoi tu es parti par la route de Gondreville avec ton fusil chargé, au lieu d'attendre ici tranquillement ta Catherine ; voilà pourquoi tu as fait six lieues en deux heures et demie, au risque de mourir de chaleur et de fatigue ! Mais tu as été puni : tu as revu ta Catherine une heure plus tard. Il est vrai que l'innocente a été punie avec le coupable... Jaloux !

BERNARD.

Oui, jaloux, tu as dit le mot. Oh ! tu ne sais pas ce que c'est que la jalousie, toi !

CATHERINE.

Si fait ! si ! car, un instant, j'ai été jalouse....Oh! mais, sois tranquille, je ne le suis plus.

BERNARD.

C'est-à-dire, vois-tu, Catherine, c'est-à-dire que, si le malheur eût voulu que tu n'eusses pas reçu cette lettre, ou que, l'ayant reçue, tu n'eusses rien changé à ta route ; que, si enfin tu fusses venue par Villers-Cotterets, et que tu eusses rencontré ce fat... Tiens, à cette seule pensée, Catherine, ma main s'étend vers mon fusil... et...

CATHERINE, apercevant Chollet sur le seuil de la porte.

Tais-toi ! tais-toi !

BERNARD.

Moi, me taire ! et pourquoi ?

CATHERINE.

Là ! là ! il est là, sur la porte !

BERNARD.

Lui ! Et que vient-il faire ici ?

CATHERINE.

Silence ! c'est ta mère elle-même qui l'a invité à venir,

avec M. le maire et mademoiselle Euphrosine... Bernard, sois calme, il est ton hôte.

SCÈNE VI

LES MÊMES, CHOLLET.

CHOLLET.
Pardon, monsieur Bernard, mais je cherchais...

BERNARD.
Oui ; et, en cherchant, vous avez trouvé ce que vous ne cherchiez pas.

CATHERINE, bas.
Bernard ! Bernard !

BERNARD.
Laisse, Catherine ; j'ai quelques mots à dire à M. Chollet : ces mots une fois dits, la question clairement et nettement posée entre nous, tout sera fini.

CATHERINE, de même.
Du sang-froid, mon ami !

BERNARD.
Sois tranquille ; mais laisse-moi dire deux mots à monsieur, ou, par ma foi, au lieu de deux mots, je lui en dirai quatre.

CATHERINE.
Soit ; mais...

BERNARD.
Mais je te dis d'être tranquille !

(Il écarte avec une certaine rudesse Catherine, qui sort par la porte donnant sur la grande route.)

SCÈNE VII

CHOLLET, BERNARD.

BERNARD, allant à Chollet.
Eh bien, moi aussi, monsieur, je cherchais quelque chose, ou plutôt quelqu'un ; mais, plus heureux que vous, ce quelqu'un, je l'ai trouvé... Je vous cherchais, monsieur Chollet !

CHOLLET.
Moi ?

BERNARD.

Oui, vous !

CHOLLET.

Mais je ne suis pas difficile à trouver, il me semble, monsieur Bernard.

BERNARD.

Excepté quand vous partez à cinq heures du matin en tilbury pour aller attendre la diligence de Paris sur la route de Gondreville.

CHOLLET.

Je sors le matin à l'heure qu'il me plaît de sortir ; je vais où il me convient d'aller ; cela ne regarde que moi, monsieur Bernard.

BERNARD.

Vous avez parfaitement raison, monsieur ; mais il y a une vérité que vous ne me contesterez pas plus, je l'espère, quoiqu'elle vienne de moi, que je ne conteste celle qui vient de vous.

CHOLLET.

Laquelle ?

BERNARD.

C'est que chacun est maître de son bien.

CHOLLET.

Je ne conteste pas cela, monsieur.

BERNARD.

Maintenant, vous comprenez, monsieur Chollet : mon bien, c'est mon champ si je suis métayer ; c'est mon étable si je suis éleveur de bestiaux ; c'est ma ferme si je suis fermier... Eh bien, un sanglier sort de la forêt et vient dévaster mon champ : je me mets à l'affût, et je tue le sanglier. Un loup sort du bois pour étrangler mes moutons : j'envoie une balle au loup, et le loup en est pour sa balle. Un renard entre dans ma ferme et étrangle mes poules : je prends le renard au piége et je lui écrase la tête à coups de talon de botte ; tant pis pour le renard ! Tant que le champ n'était pas à moi, tant que les moutons ne m'appartenaient pas, tant que les poules étaient à d'autres, je ne me reconnaissais pas ce droit ; mais, du moment que champs, moutons et poules sont à moi, c'est différent... A propos, monsieur Chollet, j'ai l'honneur de vous annoncer que, sauf le consentement du père et de la mère, je vais épouser Catherine, et que, dans quinze jours,

Catherine sera ma femme... ma femme à moi, mon bien, ma propriété; ce qui veut dire : gare au sanglier qui viendrait dévaster mon champ! gare au loup qui tournerait autour de ma brebis! gare au renard qui convoiterait mes poules!... Maintenant, si vous avez quelques objections à faire à ce que je viens de dire, faites-les, monsieur Chollet; faites-les tout de suite. Je vous écoute.

(Catherine et l'abbé Grégoire paraissent sur le seuil de la porte.)

CHOLLET.

Malheureusement, monsieur, vous ne m'écoutez pas seul.

BERNARD, se retournant.

Pas seul?

CHOLLET.

Non. Vous plaît-il que je vous réponde devant une femme et devant un prêtre?

BERNARD.

Non; vous avez raison. Silence!

CHOLLET.

Alors, à demain, n'est-ce pas?

BERNARD.

A demain, après-demain, quand vous voudrez, où vous voudrez, comme vous voudrez!

CHOLLET.

Très-bien.

(Il salue et sort.)

SCÈNE VIII

BERNARD, CATHERINE, L'ABBÉ GRÉGOIRE.

CATHERINE.

Mon ami, voici notre cher abbé Grégoire, que nous aimons de tout notre cœur, et que, moi, pour mon compte, je n'avais pas vu depuis dix-huit mois...

L'ABBÉ.

Bonjour, mon cher Bernard! bonjour!

BERNARD, lui prenant et lui baisant la main.

Soyez le bienvenu, homme de paix, dans cette maison où l'on ne demande pas mieux que de vivre en paix! (Riant.) Voyons, que venez-vous faire, monsieur l'abbé?

L'ABBÉ.

Moi ?

BERNARD.

Je parie que vous ne savez pas ce que vous venez faire, ou plutôt ce que vous allez faire dans cette maison, qui est toute joyeuse de vous voir.

L'ABBÉ.

L'homme propose et Dieu dispose. Je me tiens à la disposition de Dieu. Quant à moi, je me propose tout simplement de faire une visite au père.

BERNARD.

L'avez-vous vu ?

L'ABBÉ.

Pas encore.

BERNARD, regardant Catherine.

Monsieur l'abbé, vous êtes toujours le bienvenu, mais mieux venu encore aujourd'hui que les autres jours.

L'ABBÉ.

Oui, je devine, à cause de l'arrivée de la chère enfant.

BERNARD.

Un peu à cause de cela, cher abbé, et beaucoup à cause d'autre chose.

L'ABBÉ.

Eh bien, mes enfants, vous allez me raconter cela.

BERNARD.

Un fauteuil ! (L'Abbé s'assied, les deux jeunes gens se tiennent l'un à sa droite, l'autre à sa gauche.) Écoutez, monsieur l'abbé ; je devrais peut-être vous faire un grand discours, mais j'aime mieux vous dire la chose en deux mots : nous voulons nous marier, Catherine et moi.

L'ABBÉ.

Ah ! ah ! tu aimes Catherine ?

BERNARD.

Je crois bien que je l'aime !

L'ABBÉ.

Et toi, tu aimes Bernard, mon enfant ?

CATHERINE.

Oh ! de toute mon âme !

L'ABBÉ.

Mais il me semble que c'est aux grands parents que vous devriez dire cela.

BERNARD.

C'est vrai ; mais vous êtes l'ami de mon père, vous êtes le confesseur de ma mère, vous êtes notre cher abbé à tous. Eh bien, causez de cela avec le père, lequel en causera avec la mère ; tachez de nous avoir leur consentement, ce qui ne sera pas difficile, et vous verrez deux jeunes gens bien heureux... Eh! tenez, voilà justement le père qui sort de sa chambre... Vous connaissez la redoute qu'il s'agit d'emporter, chargez à fond! Pendant ce temps-là, nous nous promènerons, Catherine et moi, en chantant vos louanges.

(Il prend le bras de Catherine et sort avec elle.)

SCÈNE IX

L'ABBÉ, GUILLAUME.

GUILLAUME, au haut de l'escalier.

Je vous voyais venir de loin, et je me disais : « C'est l'abbé! mais, mon Dieu, c'est l'abbé! » Seulement, je n'y pouvais pas croire... Quelle chance! aujourd'hui justement! Je parie que vous venez, non pas pour nous, mais pour Catherine.

L'ABBÉ.

Eh bien, non, vous vous trompez ; car j'ignorais son arrivée.

GUILLAUME.

Alors, vous n'aurez été que plus joyeux de la trouver ici, n'est-ce pas? Hein! comme elle est embellie!... Vous restez à dîner, j'espère? Ah! je vous en préviens, monsieur l'abbé, tout ce qui entre aujourd'hui dans la maison n'en sort plus qu'à deux heures du matin.

(Il descend les dernières marches et tend les deux mains à l'Abbé.)

L'ABBÉ.

A deux heures du matin! Mais cela ne m'est jamais arrivé, de me coucher à deux heures du matin!

GUILLAUME.

Bah! et le jour de la messe de minuit?

L'ABBÉ.

Mais comment m'en irai-je?

GUILLAUME.

M. le maire vous reconduira dans sa calèche.

L'ABBÉ.

Hum ! nous ne sommes pas très-bien, M. le maire et moi.

GUILLAUME.

C'est votre faute.

L'ABBÉ.

Comment, c'est ma faute ?

GUILLAUME.

Oui, vous aurez eu le malheur de dire devant lui :

> Le bien d'autrui tu ne prendras
> Ni retiendras à ton escient.

L'ABBÉ.

Eh bien, au risque de m'en retourner de nuit et à pied, je serai des vôtres.

GUILLAUME.

Bravo ! vous me rendez toute ma belle humeur, l'abbé.

L'ABBÉ.

Tant mieux ! j'avais besoin de vous trouver dans ces dispositions-là.

GUILLAUME.

Moi ?

L'ABBÉ.

Oui ; vous êtes un peu grognon, parfois.

GUILLAUME.

Allons donc !

L'ABBÉ.

Et, aujourd'hui, justement...

GUILLAUME.

Quoi ?

L'ABBÉ.

Eh bien, aujourd'hui, j'ai par-ci par-là deux ou trois choses à vous demander...

GUILLAUME.

A moi ! deux ou trois choses ?

L'ABBÉ.

Voyons, mettons deux afin de ne pas trop vous effrayer. Vous devez, au reste, être accoutumé à cela, père Guillaume. Chaque fois que je tends la main vers vous, c'est pour vous dire : « La charité, cher monsieur Vatrin, s'il vous plaît ! »

GUILLAUME.
Eh bien, qu'est-ce? voyons, de quoi s'agit-il?
L'ABBÉ.
Il s'agit d'abord du vieux Pierre.
GUILLAUME.
Ah! oui, pauvre diable! je sais son malheur. Ce vagabond de Mathieu est parvenu à le faire renvoyer de chez M. Raisin.
L'ABBÉ.
Il y était depuis vingt ans, et, à cause d'une lettre perdue...
GUILLAUME.
M. Raisin a eu tort... Je le lui ai déjà dit ce matin, et vous le lui répéterez quand il va revenir. On ne chasse pas un serviteur de vingt ans; c'est un membre de la famille. Moi, je ne chasserais pas un chien qui serait depuis dix ans dans ma cour.
L'ABBÉ.
Oh! je connais votre bon cœur, père Guillaume; aussi, dès le matin, je me suis mis en route afin de faire une collecte pour le bonhomme; les uns m'ont donné dix sous, les autres vingt; alors, j'ai pensé à vous, je me suis dit: « Je vais aller trouver le père Vatrin; c'est une lieue et demie pour aller, une lieue et demie pour revenir, trois lieues en tout; à vingt sous par lieue, cela fera trois francs. Sans compter que j'aurai le plaisir de lui serrer la main.
GUILLAUME.
Dieu vous récompense, monsieur l'abbé! vous êtes un brave cœur... Tenez!
(Il lui donne dix francs.)
L'ABBÉ.
Oh! dix francs, c'est beaucoup pour votre petite fortune, cher monsieur Vatrin.
GUILLAUME.
Je dois quelque chose de plus que les autres, puisque c'est moi qui ai recueilli ce louveteau de Mathieu, et que c'est en quelque sorte de chez moi qu'il est sorti pour faire le mal.
L'ABBÉ.
J'aimerais mieux, cher papa Guillaume, que vous ne me donnassiez que trois francs, ou même rien du tout, et que vous lui permissiez de ramasser un peu de bois sur votre garderie.

GUILLAUME.

Le bois de ma garderie appartient à l'État, mon cher abbé, tandis que mon argent est à moi. Prenez donc l'argent, et que Pierre se garde de toucher au bois... Maintenant, voilà une affaire réglée. Passons à l'autre. Qu'avez-vous encore à me demander?...

L'ABBÉ.

Je me suis chargé d'une pétition...

GUILLAUME.

Pour qui?

L'ABBÉ.

Pour vous.

GUILLAUME.

Une pétition pour moi? Bon! voyons-la.

L'ABBÉ.

Elle est verbale.

GUILLAUME.

De qui, la pétition?

L'ABBÉ.

De Bernard.

GUILLAUME.

Que veut-il?

L'ABBÉ.

Il veut...

GUILLAUME.

Achevez donc.

L'ABBÉ.

Il veut se marier.

GUILLAUME.

Oh! oh! oh!...

L'ABBÉ.

Et pourquoi *oh! oh! oh?* N'est-il pas en âge?

GUILLAUME.

Si fait; mais avec qui veut-il se marier?

L'ABBÉ.

Avec une bonne fille qu'il aime et dont il est aimé.

GUILLAUME.

Pourvu que ce ne soit pas mademoiselle Euphrosine qu'il aime, je lui permets d'épouser qui il voudra, fût-ce ma grand'mère.

L'ABBÉ.

Tranquillisez-vous, mon bon ami : la femme qu'il aime, c'est Catherine.

GUILLAUME.

Vrai? Bernard aime Catherine, et Catherine l'aime?

L'ABBÉ.

Ne vous en doutiez-vous pas un peu?

GUILLAUME.

Si; mais j'avais peur de me tromper.

L'ABBÉ.

Alors, vous consentez?

GUILLAUME.

De grand cœur! Mais...

L'ABBÉ.

Mais quoi?

GUILLAUME.

Mais, seulement, il faut en parler à la vieille. Tout ce que nous avons fait depuis vingt-six ans, nous l'avons fait d'accord. Bernard est son fils comme le mien... Il faut en parler à la vieille, d'autant plus... Monsieur l'abbé, croyez-moi, c'est nécessaire... (Appelant.) Eh! la mère! Viens ici! (Se rapprochant de l'Abbé.) Ah! ce coquin de Bernard! Eh bien, c'est la bêtise la plus spirituelle qu'il aura faite de sa vie. (Appelant de nouveau.) Eh! la mère! viens donc!

SCÈNE X

LES MÊMES, MADAME VATRIN, les mains enfarinées.

MADAME VATRIN.

Mon Dieu, que c'est donc bête, de me déranger comme cela, quand je suis en train de faire une pâte!

GUILLAUME.

Viens ici, on te dit.

MADAME VATRIN.

Tiens, M. l'abbé Grégoire!... Votre servante, monsieur l'abbé... Je ne savais pas que vous fussiez là; sans quoi, on n'aurait pas eu besoin de m'appeler.

GUILLAUME.

Bon! entendez-vous? la voilà partie!

MADAME VATRIN.

Vous vous portez bien? Et votre nièce, mademoiselle Alexandrine, elle se porte bien aussi? Vous savez que tout le monde est en joie dans la maison, à cause du retour de Catherine.

GUILLAUME.

Bien! bien! bien! Vous m'aiderez à lui mettre une martingale, n'est-ce pas, monsieur l'abbé, si je n'en viens pas à bout tout seul?

MADAME VATRIN.

Pourquoi m'as-tu appelée, alors, si tu m'empêches de complimenter M. l'abbé et de lui demander de ses nouvelles?

GUILLAUME.

Je t'ai appelée pour que tu me fasses un plaisir.

MADAME VATRIN.

Lequel?

GUILLAUME.

Celui de me donner ton opinion, en deux mots et sans phrases, sur une affaire... Bernard veut se marier avec Catherine.

MADAME VATRIN.

Avec Catherine?

GUILLAUME.

Oui; et, maintenant, ton opinion... Allons, vite!

MADAME VATRIN.

Catherine est une brave enfant, une bonne fille...

GUILLAUME.

Ça va bien; continue.

MADAME VATRIN.

Qui ne pourrait pas nous faire de honte...

GUILLAUME.

En route! en route!

MADAME VATRIN.

Seulement, elle n'a rien.

GUILLAUME.

Femme, ne mets pas dans la balance quelques misérables écus et le malheur de ces pauvres enfants.

MADAME VATRIN.

Mais, sans argent, vieux, on vit mal.

GUILLAUME.

Mais, sans amour, vieille, on vit bien plus mal encore, va!

MADAME VATRIN.

Ça, c'est vrai.

GUILLAUME.

Quand nous nous sommes mariés, est-ce que nous en avions, nous, de l'argent? Nous étions gueux comme deux rats; sans compter qu'aujourd'hui, nous ne sommes pas encore très-riches. Eh bien, qu'aurais-tu dit alors, si nos parents avaient voulu nous séparer, sous le prétexte qu'il nous manquait quelque centaines d'écus pour nous mettre en ménage?

MADAME VATRIN.

Tout cela est bel et bon, mais ce n'est pas le principal obstacle...

GUILLAUME.

Bon! Et le principal obstacle, quel est-il? Voyons!

MADAME VATRIN.

Oh! tu me comprends bien.

GUILLAUME.

N'importe! Fais comme si je ne te comprenais pas.

MADAME VATRIN.

Guillaume, Guillaume, nous ne pouvons pas prendre ce mariage-là sur notre conscience.

GUILLAUME.

Pourquoi cela?

MADAME VATRIN.

Dame, parce que... Catherine est hérétique!

GUILLAUME.

Ah! pauvre femme!... Je me doutais que ce serait là la pierre d'achoppement, et cependant je ne voulais pas y croire.

MADAME VATRIN.

Que veux-tu, vieux! comme j'étais, il y a vingt ans, je suis encore aujourd'hui. Je me suis opposée au mariage de sa pauvre mère avec Frédéric Blum. Malheureusement, c'était ta sœur, elle était libre et n'avait pas besoin de mon consentement. Mais je lui ai dit: « Rose, souviens-toi de ma prédiction, cela te portera malheur, d'épouser un hérétique. » Elle ne m'a pas écoutée, elle s'est mariée et ma prédiction s'est accomplie : le père a été tué, la mère est morte; et la petite fille est restée orpheline.

GUILLAUME.

Ne vas-tu pas lui reprocher cela !

MADAME VATRIN.

Non; mais je lui reproche d'être hérétique!

GUILLAUME.

Mais, malheureuse, sais-tu ce que c'est qu'une hérétique?

MADAME VATRIN.

C'est une créature qui sera damnée.

GUILLAUME.

Même si elle est honnête?... Ah ! mille millions !...

MADAME VATRIN.

Jure si tu veux ; mais cela n'y changera rien, de jurer.

GUILLAUME.

Tu as raison; aussi, je ne m'en mêle plus. Maintenant, vous avez entendu, monsieur l'abbé : à votre tour! O femmes! femmes! que vous avez bien été créées et mises au monde pour faire damner le genre humain!

(Il va s'asseoir sur l'appui de la fenêtre et fume avec rage.)

L'ABBÉ.

Voyons, chère madame Vatrin, n'avez-vous donc point d'autre objection à ce mariage que la différence de religion?

MADAME VATRIN.

Il me semble que cela suffit.

L'ABBÉ.

Allons, allons, en conscience, au lieu de dire non, madame Vatrin, vous devriez dire oui.

GUILLAUME.

Prenez garde !

MADAME VATRIN.

Oh! monsieur l'abbé, c'est vous qui me poussez à donner mon consentement à un pareil mariage !

L'ABBÉ.

Sans doute.

MADAME VATRIN.

Eh bien, je vous dis, moi, que ce serait, au contraire, votre devoir de vous y opposer.

L'ABBÉ.

Mon devoir, chère madame Vatrin, est, dans l'étroite voie

ou je marche, de donner à ceux qui me suivent le plus de bonheur possible ; mon devoir est de consoler les malheureux, et surtout d'aider à être heureux ceux qui peuvent le devenir.

MADAME VATRIN.

Ce mariage serait la perte de l'âme de mon enfant, je refuse !

L'ABBÉ.

Voyons, raisonnons, chère madame Vatrin.

GUILLAUME.

Ah ! oui ! est-ce que l'on raisonne avec elle !

L'ABBÉ.

Catherine ne vous a-t-elle pas toujours aimée et respectée comme une mère ?

MADAME VATRIN.

Oh ! sur ce chapitre, je n'ai rien à dire... Toujours ! et c'est une justice à lui rendre.

L'ABBÉ.

Elle est douce, bonne, bienfaisante ?

MADAME VATRIN.

Elle est tout ça.

L'ABBÉ.

Pieuse, sincère, modeste ?

MADAME VATRIN.

Oui.

L'ABBÉ.

Eh bien, alors, chère madame Vatrin, que votre conscience se tranquillise : la religion qui enseigne toutes ces vertus à Catherine ne perdra pas l'âme de votre fils.

MADAME VATRIN.

Non, monsieur l'abbé, non, ça ne se peut pas.

L'ABBÉ.

Je vous en prie !

MADAME VATRIN.

Non !

L'ABBÉ.

Je vous en supplie !

MADAME VATRIN.

Non ! non !

L'ABBÉ.

Je vous en conjure !

MADAME VATRIN.

Non ! non ! non !

L'ABBÉ.

Mon Dieu, mon Dieu, vous si bon, vous si clément, vous si miséricordieux, vous qui n'avez qu'un regard pour juger les hommes, qu'un cœur pour les aimer tous d'un amour infini, vous voyez dans quel aveuglement est cette mère, qui donne à son erreur le nom de piété ; mon Dieu, éclairez-la !

MADAME VATRIN.

Non ! non ! non ! non !

GUILLAUME.

Oh ! vieille mule !

MADAME VATRIN.

Fais ce que tu voudras, je sais que tu es le maître ; mais, si tu les maries, ce sera contre mon gré.

GUILLAUME, s'avançant.

Eh bien, vous l'entendez, monsieur l'abbé ?

L'ABBÉ.

Patience, mon cher Guillaume !

GUILLAUME.

Patience ! Mais l'homme qui aurait de la patience en pareille occasion ne serait pas un homme, ce serait une brute qui ne vaudrait pas une charge de poudre.

L'ABBÉ, à demi-voix.

Elle a bon cœur ; soyez tranquille, elle reviendra d'elle-même.

GUILLAUME.

Oui, c'est possible... D'ailleurs, je ne veux pas qu'elle accepte mon opinion comme contrainte et forcée ; je ne veux pas qu'elle joue la mère désolée, la femme martyre. Je lui donne toute la journée pour réfléchir, et, si ce soir elle ne vient pas d'elle-même me dire : « Vieux, tu avais raison, il faut marier les enfants ! » (Madame Vatrin fait signe que non.) Si elle ne vient pas dire cela... (Elle continue de faire signe que non.) Eh bien, écoutez, monsieur l'abbé, il y a vingt-six ans que nous sommes ensemble ; oui, vingt-six ans au 15 juin prochain ; eh bien, monsieur l'abbé, foi d'homme d'honneur, nous nous séparerons comme si c'était d'hier, et nous finirons le peu de jours qui nous restent à vivre, elle de son côté, moi du mien.

MADAME VATRIN.

Que dit-il là ?

L'ABBÉ.

Monsieur Vatrin !...

GUILLAUME.

Je dis... je dis la vérité, entends-tu, femme !

MADAME VATRIN.

Oh ! oui, j'entends... Oh ! malheureuse ! malheureuse !

(Elle sort en sanglotant.)

SCÈNE XI

L'ABBÉ, GUILLAUME.

GUILLAUME.

Oh ! oui, va-t'en ! va-t'en !

L'ABBÉ.

Mon cher Guillaume, voyons, du courage, et surtout du sang-froid !

GUILLAUME.

Mais avez-vous vu pareille chose ? dites, l'avez-vous jamais vue ?

L'ABBÉ.

J'ai encore bon espoir. Il faut que les enfants la voient ; il faut que les enfants lui parlent.

GUILLAUME.

Non, elle ne les verra pas ; non, elle ne leur parlera pas ! Il ne sera pas dit qu'elle aura été bonne par pitié. Non, elle sera bonne pour être bonne, ou je n'ai plus rien à faire avec elle... Que les enfants la voient ? que les enfants lui parlent ? Non, j'en aurais honte. Je ne veux pas qu'ils sachent qu'ils ont pour mère une pareille sotte !

SCÈNE XII

LES MÊMES, BERNARD, entr'ouvrant la porte.

BERNARD.

Eh bien, père ?

GUILLAUME, bas, à l'Abbé.

Silence sur la vieille, monsieur l'abbé, je vous prie! (Se tournant vers Bernard.) Qui t'a appelé?

BERNARD.

Mon père...

GUILLAUME.

Je te demande qui t'a appelé? Réponds.

BERNARD.

Personne, je le sais; mais j'espérais...

GUILLAUME.

Va-t'en! tu étais un sot d'espérer.

BERNARD.

Mon père! mon cher père! une bonne parole, une seule!

GUILLAUME.

Va-t'en!

BERNARD.

Pour l'amour de Dieu!

GUILLAUME.

Je te dis de t'en aller; il n'y a rien à faire ici pour toi.

BERNARD.

Père! la mère pleure et ne répond pas; vous pleurez, et vous me chassez!

GUILLAUME.

Tu te trompes, je ne pleure pas.

BERNARD, descendant la scène.

Que se passe-t-il?

L'ABBÉ.

Du calme, Bernard! du calme! Tout peut changer.

BERNARD.

Oh! malheureux que je suis! vingt-cinq ans d'amour pour mon père, et mon père ne m'aime pas!

L'ABBÉ.

Malheureux, oui, malheureux que tu es; car tu blasphèmes!

BERNARD.

Mais vous voyez bien que le père ne m'aime pas, monsieur l'abbé, puisqu'il me refuse la seule chose qui puisse faire mon bonheur.

GUILLAUME.

Vous l'entendez! voilà comme cela juge... Jeunesse! jeunesse!

BERNARD.

Mais il ne sera pas dit que, pour obéir à un caprice, j'abandonnerai la pauvre fille ; elle n'a ici qu'un ami, mais cet ami lui tiendra lieu de tous les autres.

GUILLAUME.

Je t'ai déjà dit trois fois de t'en aller, Bernard.

BERNARD.

Je m'en vais ; mais j'ai vingt-cinq ans, vingt-cinq ans passés. Je suis libre de mes actions, et ce que l'on me refuse si cruellement, eh bien, la loi me donne le droit de le prendre, et je le prendrai.

GUILLAUME.

La loi! je crois, Dieu me pardonne qu'un fils a dit: *La loi!* devant son père.

BERNARD.

Est-ce ma faute ?

GUILLAUME.

La loi !

BERNARD.

Vous me poussez à bout...

GUILLAUME.

La loi!... Sors d'ici! La loi! à ton père!... Sors d'ici, malheureux ! et ne reparais jamais devant mes yeux... La loi ! la loi !

BERNARD.

Mon père, je m'en vais, puisque vous me chassez ; mais souvenez-vous de cette heure où vous avez dit à votre fils unique, qui vous aimait et vous vénérait à l'égal du bon Dieu : « Enfant, sors de ma maison ! » Oui, souvenez-vous-en, et que tout ce qui arrivera retombe sur vous !

(Bernard prend son fusil et s'élance hors de la maison. Guillaume va pour se précipiter vers lui, mais l'Abbé le retient.)

SCÈNE XIII

GUILLAUME, L'ABBÉ.

GUILLAUME.

Que faites-vous, monsieur l'abbé? N'avez-vous pas entendu ce que vient de dire ce misérable ?

L'ABBÉ.

Père, tu as été trop dur pour ton fils.

GUILLAUME.

Trop dur! Vous aussi! Est-ce moi qui ai été trop dur, ou la mère? Vous et Dieu le savez. Trop dur, quand j'avais des larmes plein les yeux en lui parlant; car je l'aime, ou plutôt je l'aimais comme on aime son enfant unique. (Étouffant.) Mais, maintenant, qu'il aille où il voudra, pourvu qu'il s'en aille; qu'il devienne ce qu'il pourra, pourvu que je ne le revoie plus!

L'ABBÉ.

L'injustice engendre l'injustice, Guillaume; prenez garde, après avoir été dur dans la colère, d'être injuste à cœur reposé. Dieu vous a déjà pardonné la colère et l'emportement; il ne vous pardonnerait pas l'injustice.

SCÈNE XIV

Les Mêmes, CATHERINE.

CATHERINE, se précipitant dans la chambre.

Cher père! cher père! qu'y a-t-il donc? que s'est-il donc passé?

GUILLAUME, à part.

Bon! voilà l'autre, maintenant!

CATHERINE.

Bernard m'a embrassée trois fois en pleurant; il a pris son fusil et son couteau de chasse, et il est parti, courant comme un fou!

GUILLAUME.

Bernard est un malheureux; et toi...

CATHERINE, se jetant dans ses bras.

Mon père!

GUILLAUME, changeant de ton.

Toi, tu es une bonne fille!... Embrasse-moi, mon enfant! Ah! monsieur l'abbé, j'ai été dur, c'est vrai; mais vous savez à qui est la faute. Tâchez d'arranger cela, si c'est encore possible. Quant à moi, je vais faire un tour dans la forêt. J'ai remarqué que l'ombre et la solitude donnaient toujours de bons conseils... Au revoir!.

SCÈNE XV

L'ABBÉ, CATHERINE.

CATHERINE.

Au nom du ciel! monsieur l'abbé, ayez pitié de moi; racontez-moi ce qui s'est passé.

L'ABBÉ, lui prenant les deux mains.

Mon enfant, vous êtes si bonne, si pieuse, si dévouée, que vous ne pouvez avoir que des amis ici-bas et au ciel. Demeurez donc en espérance; n'accusez personne, et laissez à la bonté de Dieu, aux prières des anges, à l'amour de vos parents le soin d'arranger les choses.

CATHERINE.

Mais, moi, qu'ai-je à faire au milieu de tout cela?

L'ABBÉ.

Priez pour qu'un père et un fils qui se sont quittés dans la colère et dans les larmes, se retrouvent dans le pardon et dans la joie.

(Il entre chez madame Vatrin.)

SCÈNE XVI

CATHERINE, puis MATHIEU.

CATHERINE.

Mon Dieu, mon Dieu, quelqu'un peut-il me dire ce qui se passe ici?

MATHIEU.

Oui, moi, avec votre permision, mademoiselle Catherine.

CATHERINE.

Ah! mon cher Mathieu, dis-moi où est Bernard, et pourquoi il est parti.

MATHIEU.

Bernard?

CATHERINE.

Oui, je t'en prie! je t'en supplie! Je t'écoute... Parle, parle, Mathieu!

MATHIEU.

Eh bien, il est parti... Eh! eh! il est parti... pourquoi, faut-il vous le dire?

CATHERINE.

Oui, oui.

MATHIEU.

Il est parti parce que M. Vatrin l'a chassé.

CATHERINE.

Chassé! le père a chassé le fils! Et pourquoi?

MATHIEU.

Parce qu'il voulait vous épouser malgré tout le monde, l'enragé!

CATHERINE.

Chassé! chassé à cause de moi de la maison de son père!

(Elle se laisse tomber sur une chaise.)

MATHIEU.

Ah! je crois bien! il y a eu des gros mots, voyez-vous; j'étais dans le fournil, j'ai tout entendu; oh! sans écouter! je n'écoutais pas, non; mais ils criaient si haut, que j'ai bien été forcé d'entendre... Il y a même eu un moment, quand M. Bernard a dit au père Guillaume : « C'est sur vous que retombera le malheur qui va arriver!... » il y a même eu un moment où j'ai cru que le vieux allait sauter sur son fusil. Oh! ça se serait mal passé! C'est que, le père Guillaume, ce n'est pas comme moi qui ne peux pas mettre une balle dans une porte cochère à vingt-cinq pas.

CATHERINE.

Oh! mon Dieu, mon Dieu, pauvre Bernard!

MATHIEU.

Ah! oui, n'est-ce pas? ce qu'il a risqué pour vous, ça vaut bien que vous le revoyez encore une fois, dites, quand ce ne serait que pour l'empêcher de faire quelque sottise.

CATHERINE.

Ah! oui, le revoir! Je ne demande pas mieux; mais comment?

MATHIEU.

Il vous attendra ce soir.

CATHERINE.

Il m'attendra?

MATHIEU.

Oui; voilà ce que je suis chargé de vous dire.

CATHERINE.

Par qui?

MATHIEU.

Par qui?... Par lui, donc!

CATHERINE.

Et où cela m'attendra-t-il?

MATHIEU.

A la fontaine au Prince.

CATHERINE.

A quelle heure?

MATHIEU.

A neuf heures.

CATHERINE,

J'y serai, Mathieu, j'y serai.

MATHIEU.

N'y manquez pas, au moins!

CATHERINE.

Je n'ai garde!

MATHIEU.

Voyez-vous, ça retomberait encore sur moi. C'est qu'il n'est pas tendre, le citoyen Bernard! Ce matin, il m'a envoyé un soufflet que la joue m'en cuit encore... Mais je suis bon garçon, moi, je n'ai pas de rancune.

CATHERINE, remontant à sa chambre.

Oh! sois tranquille, mon bon Mathieu, Dieu te récompensera!

(Elle sort.)

MATHIEU, la regardant fermer sa porte.

Je l'espère bien! (Il va à la fenêtre.) Psitt! psitt!

SCÈNE XVII

MATHIEU, CHOLLET.

CHOLLET.

Eh bien?

MATHIEU.

Eh bien, tout va à merveille! L'autre a tant fait de sottises, qu'il paraît qu'on en a assez comme cela.

CHOLLET.

Si bien?

MATHIEU.

Si bien, qu'on regrette Paris et qu'on est toute prête à y retourner.

CHOLLET.

Que dois-je faire, alors?

MATHIEU.

Ce que vous devez faire?

CHOLLET.

Je te le demande.

MATHIEU.

Le ferez-vous?

CHOLLET.

Sans doute.

MATHIEU.

Eh bien, courez à Villers-Cotterets; bourrez vos poches d'argent... A huit heures, à la fête de Corcy, et, à neuf heures...

CHOLLET.

A neuf heures?

MATHIEU.

Quelqu'un qui n'a pas pu vous parler ce matin, quelqu'un qui n'est pas revenu par Gondreville, uniquement de peur du scandale, ce quelqu'un-là vous attendra à la fontaine au Prince.

CHOLLET.

Elle consent donc à partir avec moi?

MATHIEU.

Si elle ne consent pas, ce sera à vous de la décider.

CHOLLET.

Mathieu, il y a vingt-cinq louis pour toi si tu m'as dit la vérité... Mathieu, à ce soir à neuf heures!

(Il sort.)

SCÈNE XVIII

MATHIEU, seul.

Vingt-cinq louis, c'est un joli denier, sans compter la vengeance. Ah! je suis une chouette? ah! la chouette est un oiseau de mauvais augure? Monsieur Bernard, la chouette vous dit bonsoir... (Il imite le cri de la chouette.) Bonsoir, monsieur Bernard!

ACTE QUATRIÈME

Un carrefour de la forêt de Villers-Cotterets. — A droite, une espèce de cabaret percé d'une porte et de deux fenêtres, ombragé par une tonnelle. A gauche, une hutte de branchages. Au fond, sur un monticule, un grand chêne.

SCÈNE PREMIÈRE

LA JEUNESSE, BOBINO.

Ils sont assis à une table, devant le cabaret.

LA JEUNESSE.

Eh bien, voilà ! et, si tu en doutes, tu pourras voir la chose de tes propres yeux. Celui dont je te parle est un nouveau venu ; il arrive d'Allemagne, du pays du père à Catherine, et s'appelle Mildet.

BOBINO.

Et où va-t-il demeurer, ce gaillard-là ?

LA JEUNESSE.

A l'autre bout de la forêt, à Montaigu. Il a une petite carabine pas plus haute que cela ; quinze pouces de canon, calibre trente ; il vous prend un fer à cheval, le cloue le long d'un mur, d'une porte cochère ou de n'importe quoi, et, à cinquante pas, il met une balle dans chacun des trous.

BOBINO.

Si bien que la muraille est percée. Pourquoi ne s'est-il pas fait maréchal ferrant ? Il n'aurait pas eu peur des coups de pied de cheval... Quand je verrai cela, je le croirai. (A un autre Garde, qui entre.) N'est-ce pas, Molicar ?

SCÈNE II

LES MÊMES, MOLICAR, à moitié ivre.

MOLICAR s'arrête, écarquille les yeux, et reconnaît celui qui l'a interpellé.

Ah ! c'est toi, Bobino ?

BOBINO.

Oui, c'est moi.

MOLICAR.

Répète un peu ce que tu as dit ; je n'ai pas entendu.

BOBINO.

Rien, des bamboches! C'est ce farceur de La Jeunesse qui me fait poser.

LA JEUNESSE.

Mais quand je te dis...

BOBINO.

Allons, un verre de vin, Molicar !

MOLICAR.

Non.

BOBINO.

Comment, non ?

MOLICAR.

Oui.

BOBINO.

Tu refuses un verre de vin, toi ?

MOLICAR.

Deux, ou pas du tout !

BOBINO.

Ah ! bravo ! à la bonne heure !

LA JEUNESSE.

Et pourquoi deux?

MOLICAR.

Parce qu'un seul, ça ferait le treizième de ce soir.

BOBINO.

Ah ! oui...

MOLICAR.

Et que treize verres de vin, ça me porterait malheur !

BOBINO.

Supertistieux, va ! Tu auras tes deux verres... Assieds-toi là!

SCÈNE III

Les Mêmes, LA MÈRE TELLIER.

LA MÈRE TELLIER.

Dites donc, Bobino, ne m'aviez-vous pas dit de vous prévenir, si l'inspecteur venait de ce côté?

BOBINO.

Oui.

LA MÈRE TELLIER.

Eh bien, je l'ai vu de la fenêtre du premier ; il vient.

LA JEUNESSE, mettant la main à sa poche.

En ce cas...

BOBINO.

Que fais-tu ?

LA JEUNESSE.

Je paye pour deux... Tu me rendras cela plus tard. Autant vaut que M. l'inspecteur ne nous voie pas à la table d'un cabaret : il croirait qu'on en fait une habitude. Trois bouteilles, c'est trente sous, n'est-ce pas, mère Tellier ?

LA MÈRE TELLIER.

Oui, messieurs.

LA JEUNESSE.

Eh bien, voilà... Au revoir !

MOLICAR.

Oh ! les lâches ! quitter le champ de bataille quand il reste encore des ennemis... (Il emplit deux verres et les choque l'un contre l'autre.) A ta santé, Molicar !

LA JEUNESSE.

Ah ! regarde donc, Bobino !

BOBINO.

Quoi ?

LA JEUNESSE.

Bernard !... Dieu du ciel ! dans quel état est-il !

SCÈNE IV

Les Mêmes, BERNARD.

Bernard entre et s'approche d'une table ; puis il pose son fusil le long d'un poteau, s'assied et laisse tomber sa tête dans ses mains.

BOBINO.

Bonsoir, Bernard !

BERNARD, levant lentement la tête.

Bonsoir, Bobino ! Bonsoir, La Jeunesse ! bonsoir !

LA JEUNESSE.

Te voilà ici ?

BERNARD.

Pourquoi pas?

BOBINO.

A la fête ?

BERNARD.

Est-ce défendu, de venir à la fête, quand on veut s'amuser?

BOBINO.

Oh! je ne dis pas que cela soit défendu; mais je suis étonné de te voir seul.

BERNARD.

Seul?

BOBINO.

Oui.

BERNARD.

Et avec qui donc veux-tu que je sois?

BOBINO.

Mais il me semble que, quand on a une fiancée, une jeune et belle fiancée...

BERNARD.

Ne parlons plus de cela. (Il prend son fusil et frappe sur la table avec la crosse.) Du vin !

LA JEUNESSE.

Chut !...

BERNARD.

Pourquoi, chut ?

LA JEUNESSE.

Tiens, parce que voilà M. l'inspecteur qui passe là-bas.

BERNARD.

Eh bien, après ?

LA JEUNESSE.

Je te dis : Attention... M. l'inspecteur peut te voir et t'entendre, voilà tout.

BERNARD.

Eh! qu'est-ce que cela me fait, à moi, qu'il me voie ou qu'il ne me voie pas, qu'il m'entende ou qu'il ne m'entende pas?

LA JEUNESSE.

Ah! c'est autre chose, alors.

BOBINO, bas, à La Jeunesse.

Il y a de la brouille dans le ménage!

LA JEUNESSE.

Ce que j'en disais, vois-tu, Bernard, ce n'est point pour te régenter ou t'être désagréable; mais, tu sais, M. l'inspecteur n'aime pas qu'on nous voie au cabaret.

BERNARD.

Et, si j'aime y aller, moi, crois-tu que c'est M. l'inspecteur qui m'empêchera de faire ma volonté? (Il frappe sur la table plus violemment encore.) Du vin! du vin!

BOBINO, à La Jeunesse.

Allons, il ne faut pas empêcher un fou de faire ses folies; viens, La Jeunesse! viens!

LA JEUNESSE.

N'en parlons plus. Adieu, Bernard!

(Il sort avec Bobino.)

BERNARD.

Adieu! adieu!... Mais viendra-t-on, quand je demande du vin?

SCÈNE V

BERNARD, MOLICAR, continuant à boire; LA MÈRE TELLIER, accourant.

LA MÈRE TELLIER.

Voilà! voilà! voilà! La provision de vin en bouteille était épuisée, il a fallu tirer au tonneau... Tiens, c'est ce cher M. Bernard. Ah! mon Dieu! comme vous êtes pâle!

BERNARD.

C'est pour cela que je veux boire; le vin donne des couleurs.

LA MÈRE TELLIER.

Mais vous êtes malade!

BERNARD, lui arrachant une bouteille des mains.

Donnez donc!

(Il boit à même.)

LA MÈRE TELLIER.

Seigneur Dieu! vous allez vous faire mal, mon enfant.

BERNARD.

Non! laissez-moi boire celui-là. Qui sait si jamais vous m'en servirez d'autre!

LA MÈRE TELLIER.
Mais qu'est-il donc arrivé, cher monsieur Bernard?
BERNARD.
Rien; seulement, donnez-moi une plume, de l'encre et du papier.
LA MÈRE TELLIER.
Une plume, de l'encre et du papier?
BERNARD.
Oui... Allez.

SCÈNE VI

BERNARD, MOLICAR, puis LA MÈRE TELLIER, revenant; puis BABET.

MOLICAR, de plus en plus ivre.
Une plume, de l'encre et du papier... Excusez, monsieur le notaire! Est-ce qu'on vient au cabaret pour demander une plume, de l'encre et du papier? On vient au cabaret pour demander du vin. (Appelant.) Du vin!
LA MÈRE TELLIER, apportant ce que Bernard lui a demandé.
Tenez, monsieur Bernard.
MOLICAR.
Du vin!
LA MÈRE TELLIER.
Entends-tu, Babet?
BABET.
Oui, mère Tellier... Voilà, monsieur Molicar.
MOLICAR.
Ah! pour une jolie enfant, voilà une jolie enfant! Venez ici, que je vous embrasse, mademoiselle Babet.
BABET.
Ah! l'on ne m'embrasse pas comme cela, moi!
(Elle se sauve.)
MOLICAR.
Et quand on pense que, dans dix ans, ça tendra la joue sans qu'on le lui demande... Ah! mon Dieu! mon Dieu!
LA MÈRE TELLIER.
Monsieur Bernard, est-ce que vous ne me voyez pas? est-ce que vous ne m'entendez pas?

BERNARD, levant la tête.

Pourquoi donc êtes-vous en deuil?

LA MÈRE TELLIER.

Vous ne vous souvenez donc plus du grand malheur qui m'est arrivé?

BERNARD.

Je ne me souviens plus de rien... Pourquoi êtes-vous en deuil?

LA MÈRE TELLIER.

Eh! vous le savez bien, cher monsieur Bernard, puisque vous êtes venu à son enterrement... Je suis en deuil de mon pauvre enfant, d'Antoine, qui est mort il y a un mois.

BERNARD.

Pauvre femme!

LA MÈRE TELLIER.

Je n'avais que lui, monsieur Bernard; un fils unique, et le bon Dieu me l'a repris tout de même! Oh! il me manque bien, allez! Quand une mère a eu son enfant sous les yeux, et que tout à coup son enfant n'est plus là, que faire? Pleurer! On pleure; mais, que voulez-vous! ce qui est perdu est perdu!

(Elle éclate en sanglots.)

MOLICAR, entonnant une chanson.

Ah! si l'amour prenait racine,
J'en planterais dans mon jardin...

BERNARD.

Veux-tu te taire, là-bas!

MOLICAR, continuant.

J'en planterais si long, si large...

BERNARD.

Quand je te dis de te taire, tais-toi!

MOLICAR.

Et pourquoi me tairais-je?

BERNARD.

N'entends-tu pas ce qu'elle dit, cette femme? ne vois-tu pas qu'il y a ici une mère qui pleure, et qui pleure son enfant?

MOLICAR.
C'est vrai. Je vais chanter tout bas.

Ah! si l'amour...

BERNARD.
Ni haut ni bas; tais-toi, ou va-t'en !
MOLICAR.
Oh ! c'est bon, je m'en vas. J'aime les cabarets où l'on rit, et pas ceux où l'on pleure... Mère Tellier, venez chercher votre dû.

BERNARD.
C'est bien; je réglerai ton compte. Laisse-nous.
MOLICAR.
Je ne demande pas mieux; merci, monsieur Bernard, merci!

(Il s'éloigne en se tenant aux arbres et en chantonnant.)

SCÈNE VII

BERNARD, LA MÈRE TELLIER.

BERNARD.
Oui, vous avez raison, mère Tellier, ce qui est perdu est perdu... Tenez, je voudrais être à la place de votre fils, et que votre fils ne fût pas mort.
LA MÈRE TELLIER.
Oh ! que Dieu vous garde, monsieur Bernard !
BERNARD.
Oui, oui, parole d'honneur !
LA MÈRE TELLIER.
Vous qui avez de si bons parents, si vous saviez le mal que cela fait à une mère, de perdre son enfant, vous ne risqueriez pas un pareil souhait.
BERNARD, qui a déjà essayé deux fois d'écrire.
Oh ! je ne peux pas ! je ne peux pas !

(Il écrase la plume sur la table.)

LA MÈRE TELLIER.
En effet, vous tremblez comme si vous aviez la fièvre!
BERNARD, se levant.
Tenez, rendez-moi un service, mère Tellier.

LA MÈRE TELLIER.

Oh! bien volontiers; lequel?

BERNARD.

Il n'y a qu'un pas d'ici à la maison neuve du chemin de Soissons.

LA MÈRE TELLIER.

Dame, pour un quart d'heure de chemin, en marchant bien.

BERNARD.

Alors, faites-moi l'amitié... Je vous demande bien pardon de la peine...

LA MÈRE TELLIER.

Dites toujours.

BERNARD.

Faites-moi l'amitié d'aller là-bas demander Catherine.

LA MÈRE TELLIER.

Ah! elle est donc revenue?

BERNARD.

Oui, ce matin... Et de lui dire que je lui écrirai bientôt.

LA MÈRE TELLIER.

Que vous lui écrirez bientôt?

BERNARD.

Aussitôt que je ne tremblerai plus.

LA MÈRE TELLIER.

Mais vous quittez donc le pays?

BERNARD.

On dit que nous allons avoir la guerre avec les Algériens.

LA MÈRE TELLIER.

Qu'est-ce que ça peut vous faire, la guerre, à vous qui avez tiré à la conscription, et qui avez pris un bon numéro?

BERNARD.

Vous allez aller où je vous dis, n'est-ce pas, mère Tellier?

LA MÈRE TELLIER.

Oui, à l'instant même, cher monsieur Bernard; mais...

BERNARD.

Mais quoi?

LA MÈRE TELLIER.

A vos parents?...

BERNARD.

Après, à mes parents?

LA MÈRE TELLIER.
Que voulez-vous que je leur dise?

BERNARD.
Rien.

LA MÈRE TELLIER.
Comment, rien?

BERNARD.
Non rien, sinon que je suis passé par ici, qu'ils ne me reverront plus, et que je leur dis adieu !

LA MÈRE TELLIER.
Adieu?

BERNARD.
Dites-leur qu'il gardent Catherine avec eux ; que je leur serai reconnaissant de toutes les bontés qu'ils auront pour elle, et que, si encore, par hasard, je venais à mourir comme votre pauvre Antoine, je les prie de faire Catherine leur héritière.

LA MÈRE TELLIER.
C'est votre désir, monsieur Bernard?

BERNARD.
Oui, c'est mon désir.

LA MÈRE TELLIER.
Eh bien, c'est dit, monsieur Bernard. Voici la nuit tout à fait venue, je n'aurai plus grand monde maintenant, Babet suffira pour servir, je cours à la maison neuve. (Rentrant.) Je crois que c'est un service à lui rendre, pauvre garçon !

BERNARD.
Allez ! et que Dieu vous conduise !

MOLICAR, au loin.

J'en planterais si long, si large,
Qu'il y en aurait pour le voisin!...

SCÈNE VIII

BERNARD, puis MATHIEU.

BERNARD.
Allons, allons, du courage ! Encore un verre de vin, et partons !

MATHIEU, *passant la tête entre deux arbres.*
C'est égal, moi, je ne partirais pas comme cela.
BERNARD, *tressaillant.*
Ah! c'est toi, Mathieu?
MATHIEU.
Oui, tout de même, monsieur Bernard, c'est moi
BERNARD.
Que disais-tu?
MATHIEU.
Vous n'avez pas entendu?
BERNARD.
Non.
MATHIEU.
Vous avez l'oreille dure!
BERNARD.
J'ai entendu, mais je n'ai pas compris.
MATHIEU.
Eh bien, je vais répéter... Je disais qu'à votre place, je ne partirais pas comme cela.
BERNARD.
Tu ne partirais pas?
MATHIEU.
Non; du moins sans... Suffit! je m'entends.
BERNARD.
Sans quoi? Voyons!
MATHIEU.
Sans me venger de l'un ou de l'autre. Voilà le mot lâché!
BERNARD.
De l'un ou de l'autre?
MATHIEU.
Oui, de lui ou d'elle.
BERNARD, *haussant les épaules.*
Est-ce que je peux me venger de mon père ou de ma mère?
MATHIEU.
Allons donc, de votre père ou de votre mère! Est-ce qu'il est question d'eux, dans tout cela?
BERNARD.
Mais de qui est-il donc question?
MATHIEU.
Il est question du Parisien et de mademoiselle Catherine.

BERNARD, se dressant.

Du Parisien et de Catherine?

MATHIEU.

Eh! oui.

BERNARD.

Mathieu! Mathieu!

MATHIEU.

Bon! voilà qui m'avertit de ne rien dire.

BERNARD.

Pourquoi cela?

MATHIEU.

Tiens, parce que ça retomberait encore sur moi, ce que je dirais.

BERNARD.

Non, non, Mathieu, je te jure. Parle!

MATHIEU.

Vous ne devinez donc pas un peu?...

BERNARD.

Que veux-tu que je devine? Voyons, je te le répète, parle!

MATHIEU.

Par ma foi, ce n'est pas la peine d'avoir de l'esprit et de l'éducation pour être sourd et aveugle.

BERNARD.

Mathieu, as-tu vu ou entendu quelque chose?

MATHIEU.

La chouette voit clair la nuit; elle a les yeux ouverts quand les autres les ont fermés; elle veille quand les autres dorment.

BERNARD, affectant le calme.

Voyons, qu'as-tu vu? qu'as-tu entendu? Ne me fais pas languir plus longtemps, Mathieu.

MATHIEU.

Eh bien, oui, l'obstacle à votre mariage, savez-vous d'où il vient?

BERNARD.

De mon père!

MATHIEU.

Ah bien, oui, de votre père! Il ne demanderait pas mieux que de vous voir heureux; car il vous aime lui, pauvre cher homme!

BERNARD.

Alors, l'obstacle vient de quelqu'un qui ne m'aime pas?

MATHIEU.

Dame, vous savez, il y a quelquefois des gens qui font comme cela semblant de vous aimer, qui disent : « Mon cher Bernard par-ci, mon cher Bernard par-là, » et qui, au fond, vous trompent.

BERNARD.

Voyons, de qui vient l'obstacle, mon cher Mathieu? de qui vient-il? Dis !

MATHIEU.

Oui, pour que vous me sautiez au cou à m'étrangler !

BERNARD.

Non, non, foi de Bernard, je te le jure!

MATHIEU.

N'importe ! En attendant, laissez-moi m'éloigner de vous. (Il fait deux pas en arrière.) Ne voyez-vous donc pas que l'obstacle vient de mademoiselle Catherine ?

BERNARD, passant son mouchoir sur son front.

De Catherine?... Tu avais dis de quelqu'un qui ne m'aime pas : prétendrais-tu que Catherine ne m'aime point, par hasard ?

MATHIEU.

Je prétends qu'il y a des jeunes filles qui, quand elles ont tâté un temps de Paris, aiment mieux être à Paris maîtresse d'un jeune homme riche, qu'en province femme d'un pauvre garde.

BERNARD.

Tu ne dis pas cela pour Catherine et le Parisien, j'espère ?

MATHIEU.

Eh ! eh ! qui sait ?

BERNARD.

Misérable !

(Il saute sur lui et le prend à la gorge.)

MATHIEU.

Eh bien, que vous disais-je ! voilà que vous m'étranglez... Monsieur Bernard ! monsieur Bernard !... Nom de nom ! Je ne vous dirai plus rien.

BERNARD.

Mathieu, je te demande pardon... Parle ! parle ! mais, si tu mens...

MATHIEU.

Eh bien, oui, si je mens, il sera temps de vous fâcher; mais, si vous vous fâchez d'abord, je ne parlerai pas.

BERNARD.

J'ai eu tort, Mathieu.

MATHIEU.

A la bonne heure! vous voilà raisonnable.

BERNARD.

Oui.

MATHIEU.

Mais, n'importe, j'aime mieux vous faire voir, vous faire toucher la chose. Ah! vous êtes de l'acabit de saint Thomas, vous!

BERNARD.

Tu as raison, fais-moi voir, fais-moi voir!

MATHIEU.

Je veux bien.

BERNARD.

Mon Dieu!

MATHIEU.

Mais à une condition...

BERNARD.

Laquelle?

MATHIEU.

Vous me donnerez votre parole d'honneur de voir jusqu'au bout.

BERNARD.

Jusqu'au bout, oui; parole d'honneur! Mais quand saurai-je que je suis au bout? quand aurai-je tout vu?

MATHIEU.

Dame, quand vous aurez vu M. Chollet et mademoiselle Catherine à la fontaine au Prince.

BERNARD.

Catherine et Chollet à la fontaine au Prince?

MATHIEU.

Oui.

BERNARD.

Et quand verrai-je cela?

MATHIEU.

Il est huit heures... combien?... Voyez à votre montre.

BERNARD.

Huit heures trois quarts.

MATHIEU.

Eh bien, dans un quart d'heure; ce n'est pas bien long, n'est-ce pas ?

BERNARD.

A neuf heures donc?

MATHIEU.

Oui, à neuf heures.

BERNARD.

Catherine et Chollet à la fontaine au Prince!... Mais que viennent-ils y faire?

MATHIEU.

Dame, je n'en sais rien. Organiser leur départ, sans doute.

BERNARD.

Leur départ?

MATHIEU.

Oui, ce soir à Villers-Cotterets, le Parisien cherchait de l'or de tous les côtés.

BERNARD.

De l'or?

MATHIEU.

Il en demandait à tout le monde.

BERNARD.

Mathieu, Mathieu, si c'est pour le plaisir de me faire souffrir, gare à toi !

MATHIEU.

Chut !

BERNARD.

Le pas d'un cheval...

MATHIEU.

Regardez !

BERNARD.

C'est lui... Il descend, il attache son cheval à un arbre... Il se dirige de ce côté.

MATHIEU.

Cachez-vous ! S'il vous aperçoit, vous ne verrez rien.

BERNARD.

Tu as raison.

(Il se jette derrière un arbre. Mathieu gagne la hutte de feuillage et s'y cache.)

SCÈNE IX

CHOLLET; BERNARD et MATHIEU, cachés.

CHOLLET.

Ma foi, je suis à peu près sûr que voilà le cabaret de la mère Tellier; mais le diable m'emporte si je sais où est la fontaine au Prince!

BERNARD, chancelant.

La fontaine au Prince!

CHOLLET, appelant.

Eh! mère Tellier! mère Tellier!

SCÈNE X

Les Mêmes, BABET.

BABET.

Vous appelez la mère Tellier, monsieur Chollet?

CHOLLET.

Oui, mon enfant.

BABET.

Dame, c'est qu'elle n'y est pas.

CHOLLET.

Où est-elle donc?

BABET.

Elle est allée à la maison neuve du chemin de Soissons, chez les Vatrin.

CHOLLET.

Diable! pourvu qu'elle n'aille pas rencontrer Catherine et l'empêcher de venir!

BERNARD, à part.

Rencontrer Catherine et l'empêcher de venir! C'était donc vrai!

CHOLLET.

Ah bah! ce serait un hasard... (A Babet.) Viens ici, mon enfant.

BABET.

Qu'y a-t-il pour votre service, monsieur Chollet?

CHOLLET.

Peut-être pourras-tu m'enseigner ce que je cherche, toi.

BABET.

Dites.

CHOLLET.

La fontaine au Prince, est-ce encore loin d'ici?

BABET.

Oh! non; c'est à cent pas, tout au plus.

CHOLLET.

A cent pas?

BABET.

Tenez, du pied de ce chêne, vous la voyez.

CHOLLET.

Montre-moi cela, mon enfant.

BABET.

Tenez, là-bas, sous ce rayon de lune, ce filet d'eau qui reluit comme un écheveau d'argent, c'est la fontaine au Prince.

CHOLLET.

Merci, mon enfant.

BABET.

Il n'y a pas de quoi.

CHOLLET.

Si fait; et la preuve, c'est que voilà pour ta peine. (Il tire sa bourse; la bourse lui échappe des mains et il s'en échappe une vingtaine de louis qui tombent à terre.) Bon! voilà que je laisse tomber ma bourse.

BABET.

Attendez! on va vous éclairer... Ce n'est pas la peine d'en semer, monsieur Chollet; ça ne pousse pas.

BERNARD, à part.

Mathieu n'avait pas menti.

(Babet éclaire Chollet, qui ramasse l'or. Mathieu allonge la tête hors de la hutte.)

MATHIEU, à part.

En voilà-t-il, en voilà-t-il, de l'or! Quand on pense qu'il y a des gens qui en ont tant, d'or, tandis qu'il y en a d'autres...

CHOLLET.

Hein?

(Il se tourne du côté de Mathieu, qui retire sa tête dans la hutte.)

BABET.

Quoi?

CHOLLET.

Rien... Il me semblait avoir entendu... Je me trompais. Merci, ma petite! voilà pour toi.

BABET.

Une pièce de vingt francs! une pièce de vingt francs! Mais vous vous trompez, ce n'est pas pour moi tout cela.

CHOLLET.

Si fait! ce sera le commencement de ta dot. (On entend sonner l'heure.) Quelle heure?

BABET.

Neuf heures.

CHOLLET.

Ah! bon! Je craignais d'être en retard.

(Il met sa bourse dans la poche de côté de son habit.)

BABET, mirant la pièce d'or à la chandelle.

A la bonne heure! c'est celui-là qui est généreux. La! maintenant, je puis fermer; je crois qu'il ne viendra plus personne.

(Chollet est parti par le fond. Babet rentre dans le cabaret, dont elle ferme la porte et les fenêtres.)

SCÈNE XI

BERNARD, rentrant en scène; MATHIEU, toujours caché.

BERNARD.

Mathieu! Mathieu!... Ah! il est parti; il aura eu peur de ce qui va se passer si Catherine vient à ce rendez-vous... Il a eu raison... Au bout du compte, il n'y a pas que Catherine dont ce jeune homme puisse être amoureux... Niais que je suis!... puisqu'il l'a nommée... Allons, du courage, Bernard! mieux vaut savoir à quoi t'en tenir que de douter... Oh! Catherine, si tu es fausse à ce point, si tu m'as trompé ainsi, je ne croirai plus à rien, non, à rien, à rien au monde!... Mon Dieu, moi qui l'aimais tant! moi qui l'aimais si profondément, si sincèrement! moi qui eusse donné ma vie pour elle, si elle me l'eût demandée!... Par bonheur, tout le monde est parti; cette petite fille a fermé portes et fenêtres; les lumières sont éteintes, et, s'il se passe quelque chose, ce sera entre la nuit; eux et moi. (Il gagne doucement le pied du chêne et parvient jusqu'au tronc en rampant contre les racines.) Celle qu'il attend doit venir du côté de la route de Soissons. Si j'allais au-devant d'elle, si je lui faisais honte... Non, je ne saurais rien, elle mentirait. (Se retournant.) Du bruit par là... Non, c'est le cheval qui frappe du pied... D'ailleurs, que m'importe le bruit qui vient de ce côté-là. C'est par là que doivent regarder mes yeux, c'est par là que doivent écouter mes oreilles... Mon Dieu! je vois comme une ombre à travers les arbres... (S'essuyant les yeux.) Mais non!... mais si!... C'est une femme! elle hésite... Non, elle continue... Elle va traverser une clairière, et, alors, je verrai bien... Ah! c'est Catherine!... Il l'a vue, il se lève... Il n'ira pas jusqu'à elle... Catherine! Catherine! que le sang que je vais verser retombe sur toi! (Il met en joue trois fois et trois fois s'arrête.) Non, non, je ne suis pas un assassin! je suis Bernard Vatrin, c'est-à-dire un honnête homme!... A moi, mon Dieu!... Mon Dieu, secourez-moi!

(Il jette son fusil et s'enfuit éperdu.)

SCÈNE XII

MATHIEU, seul.

Il sort lentement de la hutte, regarde autour de lui, rampe jusqu'au chêne, regarde à son tour dans la direction de la fontaine, allonge la main vers le fusil et le porte à son épaule.

Ah! ma foi, tant pis! pourquoi avait-il tant d'or!... L'occasion fait le larron!

(Il lâche le coup, on entend un cri.)

ACTE CINQUIÈME

Même décoration qu'aux trois premiers actes.

SCÈNE PREMIÈRE

GUILLAUME, MADAME VATRIN, RAISIN, L'ABBÉ GRÉGOIRE.

On est à table. Trois places sont vides.

L'ABBÉ.

Allons, allons, je crois qu'il est temps de regagner la ville.

GUILLAUME.

Oh! non, monsieur l'abbé, pas avant que vous ayez porté une dernière santé.

MADAME VATRIN.

Mais, pour porter cette santé, il faudrait que François et Catherine fussent là.

GUILLAUME.

Eh bien, où sont-ils? Ils étaient là tout à l'heure.

MADAME VATRIN.

Oui; mais ils sont sortis l'un après l'autre, et l'on dit que ça porte malheur, de trinquer à la fin du repas en l'absence de ceux qui ont assisté au commencement.

GUILLAUME.

Catherine ne saurait être loin. Appelle-la, femme!

MADAME VATRIN.

Je l'ai déjà appelée, et elle ne m'a pas répondu.

L'ABBÉ.

Je l'ai vue sortir il y a dix minutes, à peu près.

GUILLAUME.

Dans sa chambre?

MADAME VATRIN.

Elle n'y est pas.

GUILLAUME.

Et François?

RAISIN.

Oh! quant à François, nous savons où le retrouver; il est allé aider à atteler la calèche.

L'ABBÉ.

Mon cher Guillaume, nous prierons Dieu qu'il nous pardonne d'avoir porté un toast en l'absence de deux convives; mais il se fait tard, et je dois me retirer.

GUILLAUME.

Femme, verse à M. le maire, et que tout le monde fasse raison à notre cher abbé.

L'ABBÉ, levant son verre.

A la paix intérieure! à l'union du père et de la mère, du mari et de la femme, seule union de laquelle puisse sortir le bonheur des enfants!

RAISIN.

Bravo, l'abbé!

GUILLAUME, saluant.

Merci, monsieur l'abbé, et puisse le cœur que vous avez l'intention de toucher n'être pas sourd à votre voix!

L'ABBÉ.

Maintenant, mon cher Guillaume, vous ne trouverez pas mauvais que je cherche mon manteau, ma canne et mon chapeau, et que je presse M. le maire de me ramener à la ville. Neuf heures sont sonnées depuis près de vingt minutes.

RAISIN.

Nous chercherons tout cela ensemble, monsieur l'abbé; et, pendant ce temps-là, madame Vatrin dira pour moi un mot à son mari.

L'ABBÉ.

Un mot?

RAISIN.

Oui, une commission dont je l'ai chargée... N'est-ce pas, maman Guillaume?... Ah! donnez-nous une lumière, que M. l'abbé cherche sa douillette, et que je retrouve mon paletot.

MADAME VATRIN.

Voilà, monsieur le maire!

(Elle lui présente la bougie.)

RAISIN.

Venez, l'abbé, venez! je crois que tout cela est par ici.

L'ABBÉ.

Je vous suis, monsieur, je vous suis.

(Il sort avec Raisin.)

SCÈNE II

GUILLAUME, MADAME VATRIN.

GUILLAUME.

Que veut-il donc dire, ton marchand de bois, avec ce mot qu'il t'a chargée de me répéter?

MADAME VATRIN.

Dame, je n'en sais trop rien; mais voici, en somme, ce qu'il m'a dit...

GUILLAUME.

Parle!

MADAME VATRIN.

Il m'a dit: « Votre mari, mère Guillaume, touche sept cent cinquante-six livres d'appointements par an, n'est-ce pas? »

GUILLAUME.

Et cent cinquante livres de gratification.

MADAME VATRIN.

« De sorte, a-t-il ajouté, qu'il vous faut quelque chose comme neuf ou dix ans pour toucher neuf mille francs. »

GUILLAUME.

M. Raisin compte comme feu Barème.

MADAME VATRIN.

« Eh bien, m'a-t-il dit, ce que le père Guillaume gagne en dix ans, je me fais fort de le lui faire gagner en une année. »

GUILLAUME.

Ah! voyons un peu la chose.

MADAME VATRIN.

« Eh bien, a-t-il dit toujours, il ne s'agit pour cela que de fermer alternativement l'œil droit ou l'œil gauche, en passant à côté de certains arbres qui sont à droite ou à gauche de mon lot... »

GUILLAUME.

Oui-da!

MADAME VATRIN.

« Ce n'est pas bien difficile, a-t-il ajouté. Tenez, il n'aura qu'à faire comme cela. »

(Elle ferme alternativement l'œil droit et l'œil gauche.)

GUILLAUME.

Et il me donnera neuf mille francs, pour si peu ?

MADAME VATRIN.

Quatre mille cinq cents francs pour l'œil droit, quatre mille cinq cents francs pour l'œil gauche !

(Raisin reparaît et écoute.)

GUILLAUME.

Mais tu n'as donc pas compris, pauvre bête, ce qu'on te proposait là ?

MADAME VATRIN.

A moi ?

GUILLAUME.

Eh ! oui, à toi !... Eh bien, on a joliment fait de ne pas me proposer cela, à moi !

MADAME VATRIN.

Et pourquoi ?

GUILLAUME.

Pourquoi ? Parce qu'on entre ici par cette porte, n'est-ce pas ?

MADAME VATRIN.

Oui.

GUILLAUME.

Eh bien, on serait sorti par cette fenêtre ! Voilà !

(Raisin s'esquive par le fond en faisant un geste de dédain.)

MADAME VATRIN, à part.

Ah ! je comprends, maintenant...

SCÈNE III

Les Mêmes, L'ABBÉ.

L'ABBÉ.

Me voilà, monsieur le maire ; êtes-vous prêt ?

GUILLAUME.

Si bien prêt, qu'il vous attend sur la grande route.

L'ABBÉ.

Bonsoir, mon cher Guillaume! Puisse, avec la bénédiction que je vous donne, la paix du Seigneur descendre sur votre maison!

MADAME VATRIN.

Votre servante, monsieur l'abbé! votre servante, monsieur le maire! votre servante!

(Elle accompagne l'Abbé jusqu'en dehors de la porte.)

SCÈNE IV

GUILLAUME, MADAME VATRIN.

GUILLAUME.

Bon! me voilà avec un ennemi de plus; mais n'importe, on est honnête homme ou on ne l'est pas; si on l'est, arrive qui plante! on fait ce que j'ai fait... Mais voilà la vieille... Motus, Guillaume!

MADAME VATRIN. Elle tourne autour de son mari, qui ne fait pas attention à elle; enfin elle se décide.

Dis donc, vieux!

GUILLAUME.

Quoi?

MADAME VATRIN.

Qu'as-tu?

GUILLAUME.

Rien.

MADAME VATRIN.

Pourquoi ne me parles-tu pas?

GUILLAUME.

Parce que je n'ai rien à te dire...

MADAME VATRIN. Elle s'éloigne, puis se rapproche.

Hum!... (Silence de Guillaume.) Vieux!...

GUILLAUME.

Plaît-il?

MADAME VATRIN.

A quand la noce?

GUILLAUME.

Quelle noce?

MADAME VATRIN.

Eh bien, celle de Catherine avec Bernard, donc!

GUILLAUME.

Ah ! ah ! te voilà donc devenue raisonnable ?

MADAME VATRIN.

Dis ?... Je crois que le plus tôt sera le mieux.

GUILLAUME.

Oui-da !

MADAME VATRIN.

Si nous mettions cela à la semaine prochaine ?

GUILLAUME.

Et les bans ?

MADAME VATRIN.

On irait à Soissons demander une dispense à monseigneur l'évêque.

GUILLAUME.

Voilà que tu es plus pressée que moi, maintenant !

MADAME VATRIN.

Ah ! vois-tu, vieux, c'est que... c'est que...

GUILLAUME.

Quoi ?

MADAME VATRIN.

C'est que je n'ai jamais passé pareille journée !

GUILLAUME.

Bah !

MADAME VATRIN, oppressée.

Nous séparer l'un de l'autre ! mourir chacun de notre côté ! (Éclatant en sanglots.) Et cela, après vingt-six ans de mariage !

GUILLAUME.

Ta main, la mère !

MADAME VATRIN.

Oh ! la voilà, et de grand cœur !

GUILLAUME.

Et maintenant, embrasse-moi !... Tiens, tu es la meilleure femme de la terre !... quand tu le veux, bien entendu.

MADAME VATRIN.

Je te promets, Guillaume, qu'à partir d'aujourd'hui, je le voudrai toujours.

GUILLAUME.

Amen !

SCÈNE V

Les Mêmes, FRANÇOIS, rentrant.

FRANÇOIS.

La !

GUILLAUME.

Eh bien, sont-ils emballés ?

FRANÇOIS.

Les entendez-vous ? les voilà qui partent.

On entend le roulement d'une voiture. François va prendre son fusil dans le coin de la cheminée.)

GUILLAUME.

Où vas-tu donc ?

FRANÇOIS.

Je vais... (Bas.) Tenez, il faut que je vous dise cela, mais à vous seul.

GUILLAUME, à sa femme.

Vieille !

MADAME VATRIN.

Hein ?

GUILLAUME.

Si tu faisais bien, tu desservirais; ce serait autant de bâclé pour demain.

MADAME VATRIN, qui tient une bouteille sous son bras et une pile d'assiettes dans sa main.

Eh bien, que fais-je donc ?

(Elle entre dans la cuisine.)

GUILLAUME, à François.

Qu'y a-t-il ?

FRANÇOIS.

Il y a que, tandis que j'étais occupé à atteler le cheval de M. le maire, j'ai entendu un coup de fusil.

GUILLAUME.

Dans quelle direction ?

FRANÇOIS.

Du côté de Corcy, comme ça aux alentours de la fontaine au Prince.

GUILLAUME.

Et tu crois que c'est quelque braconnier ?

FRANÇOIS.

Non...

GUILLAUME.

Eh bien, qu'est-ce donc, alors?

FRANÇOIS, bas.

Père, j'ai reconnu le bruit du fusil de Bernard.

GUILLAUME.

Tu es sûr?

FRANÇOIS.

Entre cinquante, je le reconnaîtrais! Vous savez qu'il charge avec des ronds de feutre; cela résonne autrement que les bourres de papier.

GUILLAUME.

Qu'est-ce que cela veut dire?

FRANÇOIS.

Dame, c'est ce que je me suis demandé.

GUILLAUME.

Écoute, j'entends du bruit...

FRANÇOIS.

C'est un pas de femme.

GUILLAUME.

Celui de Catherine, peut-être.

FRANÇOIS.

C'est un pas de vieille femme... Mademoiselle Catherine marche plus légèrement que ça. Ces pas-là ont passé la quarantaine.

GUILLAUME.

On frappe.

FRANÇOIS, courant à la porte et ouvrant.

La mère Tellier!

MADAME VATRIN, qui va et vient.

Tiens! c'est vous, voisine?

SCÈNE VI

GUILLAUME, FRANÇOIS, MADAME VATRIN, LA MÈRE TELLIER.

LA MÈRE TELLIER.

Bonsoir, monsieur Vatrin et la compagnie! Une chaise,

s'il vous plaît! une chaise! J'ai toujours couru depuis la fontaine au Prince.

GUILLAUME et FRANÇOIS.

La fontaine au Prince?

GUILLAUME.

Et qui nous procure le plaisir de vous voir à une pareille heure, mère Tellier?

LA MÈRE TELLIER.

Un verre d'eau, pour l'amour de Dieu! j'étrangle! (Madame Vatrin lui donne un verre d'eau qu'elle boit avidement.) La! maintenant que je puis parler, je vas vous dire ce qui m'amène.

GUILLAUME et MADAME VATRIN.

Dites, la mère! dites!

LA MÈRE TELLIER.

Eh bien, je viens de la part de votre garçon.

MADAME VATRIN et GUILLAUME.

De la part de Bernard?

FRANÇOIS.

Ah!

LA MÈRE TELLIER.

Mais que lui est-il donc arrivé à ce pauvre jeune homme? Il est entré, il y a une heure, chez moi, pâle comme un mort!

GUILLAUME.

Femme!

MADAME VATRIN.

Tais-toi! tais-toi!

LA MÈRE TELLIER.

Il a bu coup sur coup trois ou quatre verres de vin, ou plutôt, il les a bus d'un seul coup; car il buvait à même la bouteille.

GUILLAUME.

Bernard buvait à même la bouteille? Impossible!

MADAME VATRIN.

Et il buvait comme cela sans rien dire?

LA MÈRE TELLIER.

Si fait, au contraire! il m'a dit: « Mère Tellier, faites-moi le plaisir d'aller jusqu'à la maison; vous direz à Catherine que je lui écrirai bientôt! »

MADAME VATRIN.

Comment! il a dit cela?

GUILLAUME.

Écrire à Catherine! et pourquoi écrire?

FRANÇOIS, à part.

Oh! le coup de fusil!

MADAME VATRIN.

Et voilà tout ce qu'il a dit?

LA MÈRE TELLIER.

Oh! non, attendez!... Alors, je lui ai demandé: « Et pour le père, n'y a-t-il rien? n'y a-t-il rien pour la mère? »

GUILLAUME et MADAME VATRIN.

Ah! vous avez bien fait!

LA MÈRE TELLIER.

Alors, il a répondu: « Au père et à la mère, annoncez-leur que je suis parti, et dites-leur adieu de ma part. »

GUILLAUME, MADAME VATRIN et FRANÇOIS.

Adieu?...

GUILLAUME.

Il vous a chargé de nous dire adieu?

MADAME VATRIN.

Mon pauvre enfant!

GUILLAUME.

Oh! femme! femme!...

LA MÈRE TELLIER.

Mais ce n'est pas tout...

GUILLAUME.

Qu'a-t-il ajouté?

LA MÈRE TELLIER.

Il a ajouté: « Dites-leur encore qu'ils gardent Catherine avec eux, que je leur serai reconnaissant de toutes les bontés qu'ils auront pour elle, et, si je venais à mourir comme votre pauvre Antoine... »

GUILLAUME et MADAME VATRIN.

A mourir!

LA MÈRE TELLIER.

« Dites-leur de faire Catherine leur héritière. »

GUILLAUME.

Femme! femme! femme!...

FRANÇOIS, à part.

Ah! ce malheureux coup de fusil!

UNE VOIX, au dehors.

A moi! à l'aide! au secours!

TOUS.

Catherine !

GUILLAUME.

La voix de Catherine ! (Il s'élance vers le fond.) Catherine ! mon enfant !

SCÈNE VII

LES MÊMES, CATHERINE, pâle, les cheveux en désordre.

CATHERINE.

Assassiné ! assassiné !

TOUS.

Assassiné ?

CATHERINE, haletante.

Assassiné ! assassiné !...

GUILLAUME.

Assassiné ! Mais qui ?

CATHERINE.

M. Louis Chollet.

FRANÇOIS.

Le Parisien !

GUILLAUME.

Que nous racontes-tu donc ? Voyons, parle !

FRANÇOIS.

Assassiné ! où, chère demoiselle Catherine ?

CATHERINE.

A la fontaine au Prince.

GUILLAUME.

Oh ! mon Dieu !

LA MÈRE TELLIER et MADAME VATRIN.

Par qui ?

CATHERINE.

Je ne sais...

GUILLAUME et FRANÇOIS, respirant.

Ah !

GUILLAUME.

Mais enfin comment cela s'est-il passé ? comment étais-tu là ?

CATHERINE.

Je croyais aller rejoindre Bernard.

MADAME VATRIN.

Rejoindre Bernard?

CATHERINE.

Oui; Mathieu m'avait donné rendez-vous en son nom.

FRANÇOIS, à demi-voix.

Oh! s'il y a du Mathieu dans l'affaire, nous ne sommes pas au bout!

GUILLAUME.

Et tu as été à la fontaine au Prince?

CATHERINE.

Je croyais que Bernard m'y attendait; je croyais qu'il voulait me dire adieu... Ce n'était pas vrai, ce n'était pas lui...

FRANÇOIS.

C'était le Parisien, n'est-ce pas?

CATHERINE.

Oui... En m'apercevant, il vint à moi; car, par le magnifique clair de lune qu'il fait, il pouvait me voir à plus de cinquante pas. Quand nous ne fûmes plus qu'à dix pas l'un de l'autre, je le reconnus. Je compris alors que j'étais tombée dans un piége; j'allais crier, tout à coup un éclair a brillé dans la direction du grand chêne qui couvre le cabaret de madame Tellier; un coup de fusil s'est fait entendre; M. Chollet a poussé un cri, a porté sa main à sa poitrine et est tombé! Alors, moi, vous comprenez, je me suis sauvée comme une folle! j'ai toujours couru, et me voilà!... Mais, si la maison eût été seulement cinquante pas plus loin, je m'évanouissais, je mourais sur le chemin!...

GUILLAUME.

Un coup de fusil!

FRANÇOIS.

C'est celui que j'avais entendu.

CATHERINE, regardant autour d'elle.

Ah! où est Bernard? où est Bernard? Au nom du ciel, qui l'a vu? où est-il?

(Tous se regardent avec terreur.)

SCÈNE VIII

Les Mêmes, MATHIEU, entrant.

MATHIEU.

Où il est? Pauvre monsieur Bernard! je vais vous le dire, moi. Il est arrêté.

(Il va s'asseoir dans la cheminée.)

GUILLAUME.

Arrêté?

MADAME VATRIN.

Arrêté, Bernard, mon enfant?

CATHERINE.

Oh! Bernard! Bernard! voilà ce que je craignais!

GUILLAUME.

Arrêté! Pourquoi? comment cela?

MATHIEU.

Dame, je ne puis pas trop vous dire, moi... Il paraît que l'on a tiré un coup de fusil sur le Parisien; les gendarmes de Villers-Cotterets, qui revenaient de la fête de Corcy, ont vu M. Bernard qui se sauvait; alors, il ont couru après lui, ils lui ont mis la main sur le collet, ils l'ont garrotté, et ils l'emmènent.

GUILLAUME.

Et où cela l'emmènent-ils?

MATHIEU.

Je n'en sais rien... Où l'on emmène les gens qui ont assassiné; seulement, moi, je me suis dit comme cela : « J'aime M. Bernard, j'aime M. Guillaume, j'aime toute la maison Vatrin, qui m'a fait du bien; il faut que je leur dise le malheur qui est arrivé au pauvre M. Bernard, parce que, s'il y a un moyen de le sauver...

MADAME VATRIN, sanglotant.

Mon Dieu! mon Dieu! Et quand on pense que c'est moi, que c'est mon misérable entêtement qui est cause de tout cela!

GUILLAUME.

Et tu dis, François, que tu as reconnu le bruit de son fusil?

FRANÇOIS.

Je vous l'ai dit, je vous le répète, j'en réponds.

GUILLAUME.
Bernard un assassin? Impossible!
FRANÇOIS, se frappant le front.
Écoutez!
GUILLAUME.
Quoi?
FRANÇOIS.
Je vous demande trois quarts d'heure.
GUILLAUME.
Pour quoi faire?
FRANÇOIS.
Pour vous dire si M. Bernard est ou n'est pas l'assassin de M. Chollet. (Il s'élance hors de la maison. — Du dehors.) Allez vite, monsieur l'abbé! allez vite! ils ont besoin de vous!

SCÈNE IX

Les Mêmes, L'ABBÉ, paraissant sur la porte.

CATHERINE, courant à lui.
Ah! c'est vous, monsieur l'abbé!
L'ABBÉ.
Oui, je me suis douté qu'il y avait des larmes à essuyer, et je suis revenu.
MADAME VATRIN, tombant à genoux.
Oh! mon Dieu, mon Dieu, c'est ma faute, c'est ma très-grande faute!
L'ABBÉ.
Hélas! mon cher Guillaume, il l'avait dit en vous quittant: « Que le malheur retombe sur vous! » et c'est sur vous qu'il est retombé.
GUILLAUME.
Oh! monsieur l'abbé, est-ce que vous allez dire comme les autres, qu'il est coupable?
L'ABBÉ.
Nous allons bien le savoir.
GUILLAUME.
Eh bien, oui, nous allons le savoir. Bernard est vif, emporté, colère; mais il n'est pas menteur.
(Il prend son chapeau.)

L'ABBÉ.

Où allez-vous?

GUILLAUME.

Je vais à la prison.

L'ABBÉ.

Inutile! Nous l'avons rencontré entre les deux gendarmes, et M. le maire a ordonné de le ramener ici pour procéder en votre présence à l'interrogatoire. Il espère que vous aurez sur Bernard, qui vous aime tant, le pouvoir de lui faire dire la vérité.

SCÈNE X

Les Mêmes, RAISIN, BERNARD, entre DEUX GENDARMES, les pouces liés.

RAISIN, aux Gendarmes.

Faites entrer le prévenu.

MADAME VATRIN.

Mon enfant! mon cher enfant!

GUILLAUME, l'arrêtant par le poignet.

Un instant! Il s'agit de savoir si nous parlons à notre enfant ou à un assassin. (A Raisin.) Monsieur le maire, je vous demande à regarder Bernard en face, à lui dire deux mots, et ensuite, c'est moi qui vous déclarerai s'il est coupable ou s'il ne l'est pas. (A ceux qui sont présents.) Soyez tous témoins de ce que je vais lui demander et de ce qu'il va me répondre... En présence de cette femme, qui est ta mère; en présence de cette jeune fille, qui est ta fiancée; en présence de ce digne prêtre, qui a fait de toi un chrétien, Bernard, moi, ton père, moi qui t'ai formé à l'amour de la vérité et à la haine du mensonge, Bernard, je te le demande ici, comme Dieu te le demandera un jour, es-tu coupable ou innocent?

BERNARD.

Mon père...

GUILLAUME.

Bernard, ne te hâte pas de répondre; prends ton temps, afin que ton cœur ne te précipite pas dans l'abîme... Tes yeux sur mes yeux!

BERNARD.

Je suis innocent, mon père!

TOUS, excepté Mathieu et Raisin.

Ah!...

GUILLAUME, étendant la main.

A genoux, mon fils! (Il va à lui et lui pose la main sur l'épaule.) Je te bénis, mon enfant! Tu es innocent, c'est tout ce qu'il me faut. Quant à la preuve de ton innocence, elle viendra lorsqu'il plaira à Dieu; c'est une affaire entre les hommes et lui... Debout! embrasse-moi, et que la justice ait son cours! (Il l'embrasse.) Maintenant, à toi, la vieille!

MADAME VATRIN.

Ah! mon enfant! mon enfant! il m'est donc encore permis de t'embrasser!

BERNARD.

Ma bonne, mon excellente mère!

CATHERINE.

Et moi, Bernard?

BERNARD.

Plus tard, Catherine! plus tard!... quand, à votre tour, et sur votre salut éternel, vous aurez répondu aux questions que j'ai à vous faire...

MADAME VATRIN.

Oh! moi aussi, à cette heure, je réponds bien qu'il est innocent!

RAISIN.

Bien! bien! N'allez-vous pas croire que, s'il est coupable, il va tout bonnement dire comme cela : « Eh bien, oui, c'est moi qui ai tué M. Chollet! » Pas si bête, pardieu!

BERNARD.

Je dirai, non pas pour vous, monsieur le maire, mais pour ceux qui m'aiment, je dirai... et Dieu qui m'entend sait si je mens ou si je dis la vérité : Oui, mon premier mouvement a été de tuer M. Chollet. Quand j'ai vu apparaître Catherine, et quand je l'ai vu, lui, se lever pour aller au-devant d'elle, oui, je me suis élancé dans cette intention; oui, dans cette intention, j'ai appuyé la crosse de mon fusil à mon épaule... Mais, alors, Dieu est venu à mon aide, il m'a donné la force de résister à la tentation... J'ai jeté mon fusil loin de moi, et j'ai fui! C'est pendant que je fuyais que l'on m'a arrêté; seulement, je fuyais, non parce que j'avais commis un crime, mais pour ne pas le commettre!

RAISIN.

Reconnaissez-vous ce fusil?

BERNARD.

Oui, c'est le mien.

RAISIN, passant la baguette dans le canon.

Il est déchargé du côté droit; voyez!

BERNARD.

C'est vrai.

RAISIN.

Et on l'a trouvé au pied du chêne qui domine la petite vallée de la fontaine au Prince.

BERNARD.

C'est là, en effet, que je l'avais jeté.

MATHIEU.

Pardon, excuse, monsieur le maire... J'ai peut-être une raison à faire valoir pour innocenter ce pauvre M. Bernard... Sans doute qu'en cherchant bien, on retrouverait les bourres. M. Bernard ne charge pas comme les autres gardes, avec du papier; il charge avec des ronds de feutre enlevés à l'emporte-pièce.

RAISIN.

Gendarmes, l'un de vous ira sur le théâtre du crime, et tâchera de retrouver les bourres.

UN DES GENDARMES.

Demain matin, au petit jour, on y sera, monsieur le maire.

MATHIEU.

Et puis, j'y pense, il y a encore une chose qui sera bien plus convaincante pour l'innocence de M. Bernard.

RAISIN.

Laquelle?

MATHIEU.

J'étais là, ce matin, quand M. Bernard a chargé son fusil pour aller à la chasse du sanglier; eh bien, à seule fin de reconnaître ses balles, il les a marquées d'une croix.

RAISIN.

Ah! il les avait marquées d'une croix?

MATHIEU.

Ça, j'en suis sûr : c'est moi qui lui ai prêté mon couteau pour faire la croix, même que je lui ai dit que ça portait malheur.

RAISIN, à Bernard.

Prévenu, ces deux circonstances sont-elles exactes?

BERNARD.

Oui, monsieur le maire.

MATHIEU.

Dame, vous comprenez bien, monsieur le maire, si on pouvait retrouver la balle et qu'elle n'eût pas de croix, je répondrais bien alors que ce n'est pas M. Bernard qui a fait le coup; seulement, si, par hasard, la balle portait une croix et que les bourres fussent en feutre, je ne saurais plus que dire.

UN GENDARME.

Pardon, monsieur le maire.

RAISIN.

Qu'y a-t-il?

LE GENDARME.

Il y a, monsieur le maire, que ce garçon a dit la vérité.

RAISIN.

Et comment savez-vous cela?

LE GENDARME.

Pendant que ce garçon parlait, j'ai débourré le côté gauche du fusil; la balle a une croix, et les bourres sont en feutre.

RAISIN, à Mathieu.

Mon ami, tout ce que vous venez de dire, dans une bonne intention pour M. Bernard, tourne malheureusement contre lui, puisque voilà son fusil, et que son fusil est déchargé.

MATHIEU.

Ah! c'est-à-dire que, le fusil fût-il déchargé, ça ne voudrait rien dire, monsieur le maire. M. Bernard peut bien avoir déchargé son fusil ailleurs; il n'y a que si l'on trouve la balle et les bourres de feutre... Ah! dame, ce sera malheureux, très-malheureux!

RAISIN, à Bernard.

Vous n'avez rien à dire pour votre défense?

BERNARD.

Rien, sinon que les apparences sont contre moi, mais que je suis innocent.

RAISIN.

Vous ne voulez pas avouer?

BERNARD.

Je ne mentirais pas pour moi, monsieur le maire ; je ne saurais mentir contre moi. Je suis coupable d'une mauvaise pensée, je ne suis pas coupable d'une mauvaise action.

RAISIN.

Allons, gendarmes...

LES GENDARMES, s'approchant de Bernard.

Allons, marchons !

MADAME VATRIN.

Eh ! mais que faites vous donc ? Vous l'emmenez ?

RAISIN.

Sans doute.

MADAME VATRIN.

Où cela ?

RAISIN.

En prison, donc !

MADAME VATRIN.

En prison ?... Mais vous n'avez donc pas entendu qu'il est innocent ?

CATHERINE.

Monsieur !...

RAISIN.

Ma chère madame Vatrin, ma belle demoiselle, c'est un devoir bien rigoureux ; mais je suis magistrat, un crime a été commis, il faut que la justice ait son cours. Il y a mort d'homme ; le cas est donc des plus graves... Allons, gendarmes !

BERNARD.

Adieu, mon père ! Adieu, ma mère !...

CATHERINE.

Et moi, Bernard, n'y a-t-il donc rien pour moi ?

BERNARD.

Catherine, au moment de mourir innocent, peut-être te pardonnerai-je ; mais, en ce moment-ci, oh ! je n'en ai pas la force.

CATHERINE.

Oh ! l'ingrat ! je le crois innocent, et il me croit coupable !

MADAME VATRIN, presque à genoux.

Bernard ! Bernard ! avant de la quitter, par grâce, dis à ta pauvre mère que tu ne lui en veux pas !

BERNARD.

Ma mère, si je dois mourir, je mourrai en fils reconnaissant et respectueux, remerciant le Seigneur de m'avoir donné de si bons et si tendres parents! (Aux Gendarmes.) Allons, messieurs, je suis prêt.

SCÈNE XI

Les Mêmes, FRANÇOIS.

FRANÇOIS apparaît sur le seuil, haletant, sans cravate, son habit sur le bras.

Un instant! tout n'est pas fini.

TOUS.

François!

FRANÇOIS, laissant tomber son habit et s'appuyant au chambranle de la porte.

Ouf!...

RAISIN.

Rangez-vous, jeune homme! et laissez-nous passer.

L'ABBÉ.

Monsieur le maire, ce jeune homme paraît avoir quelque chose d'important à vous dire; écoutez-le.

MADAME VATRIN.

François! François! ils emmènent mon enfant, mon fils, mon pauvre Bernard en prison!

FRANÇOIS.

Oh! bon! il n'y est pas encore, en prison! Il y a une lieue et demie d'ici à Villers-Cotterets, sans compter que le père Sylvestre, le geôlier, est couché et que ça lui ferait de la peine de se lever à cette heure-ci.

RAISIN.

Ah çà! nous sommes donc les serviteurs de M. François? En route, gendarmes! en route!

FRANÇOIS.

Pardon, monsieur le maire, mais j'ai quelque chose à dire outre ça.

RAISIN.

Et ce que tu as à dire en vaut-t-il la peine?

FRANÇOIS.

Dame, vous allez en juger : seulement, je vous préviens que ce sera peut-être un peu long.

RAISIN.

Si c'est aussi long que tu le dis, ce sera pour demain, alors.

FRANÇOIS.

Oh! non, non, il faut que ce soit pour ce soir.

L'ABBÉ.

Monsieur le maire, au nom de la religion et de l'humanité, je vous adjure d'écouter ce jeune homme.

GUILLAUME.

Et moi, monsieur, au nom de la justice, je vous ordonne de surseoir...

RAISIN.

Cependant, messieurs, du moment qu'il y a un assassin...

FRANÇOIS.

Et d'abord, pardon, monsieur le maire, il y a un assassin, c'est vrai; mais il n'y a pas de mort.

RAISIN.

Comment, pas de mort?

TOUS.

Pas de mort?

L'ABBÉ.

Soit loué le Seigneur!

FRANÇOIS.

Eh bien, quand je n'aurais que cela à dire, il me semble que c'est déjà une jolie nouvelle.

RAISIN.

Expliquez-vous.

FRANÇOIS.

M. Chollet a été renversé par la violence du coup; mais la balle s'est aplatie sur la bourse pleine d'or qu'il avait dans la poche de son habit, et elle a glissé le long des côtes.

RAISIN.

Ah! ah! la balle s'est aplatie sur la bourse?

FRANÇOIS.

Oui... En voilà de l'argent bien placé!

RAISIN.

Allons au fait.

FRANÇOIS.

Dame, je ne demande pas mieux; mais vous m'interrompez à tout moment.

TOUS.

Parle, parle, François !

FRANÇOIS.

Eh bien, écoutez donc, monsieur le maire ; voici comment la chose s'est passée.

RAISIN.

Mais comment peux-tu savoir de quelle façon la chose s'est passée, puisque tu étais avec nous, dans cette chambre, à table, tandis qu'elle se passait, à près d'une demi-lieue d'ici, et que tu ne nous as pas quittés?

FRANÇOIS.

Vous avez raison, je ne vous ai pas quittés... Mais après?... Est-ce que, quand je dis : « Il y a un sanglier là ; c'est un mâle ou une femelle, un tiéran ou un ragot, un quartanier ou un solitaire, » est-ce que j'ai vu le sanglier, moi ? Non, pas plus que Louchonneau. J'ai vu la trace, et c'est tout ce qu'il me faut. Je reprends donc... M. Bernard est arrivé le premier au cabaret de la mère Tellier... Est-ce vrai, mère Tellier ?

LA MÈRE TELLIER.

C'est vrai.

FRANÇOIS.

Il était fort agité.

LA MÈRE TELLIER.

C'est encore vrai.

RAISIN.

Silence !

FRANÇOIS, faisant de grands pas.

Il marchait comme cela, et, deux ou trois fois, dans un mouvement d'impatience, il a frappé du pied près de la première table à gauche en entrant.

LA MÈRE TELLIER.

En demandant du vin, c'est vrai encore.

FRANÇOIS.

Oh ! ce n'est pas bien difficile à voir : je connais le pied de Bernard, et il y a dans le sable des empreintes de trois ou quatre lignes plus profondes que les autres.

RAISIN.
Comment as-tu pu voir cela, la nuit?
FRANÇOIS.
Bon! et la lune, vous croyez donc qu'elle est là-haut pour faire aboyer les chiens?... Alors, M. Chollet est arrivé à cheval du côté de Villers-Cotterets; il a mis pied à terre à une cinquantaine de pas du cabaret; il a attaché sa bête à un arbre; puis il a passé devant M. Bernard: je croirais même qu'il avait perdu et cherché quelque chose comme de l'argent, car il y avait du suif à terre, ce qui prouve que l'on a regardé à terre avec une chandelle. Pendant ce temps-là, M. Bernard était caché derrière le hêtre qui est en face de la maison, et il continuait de rager beaucoup; et la preuve, c'est qu'il y a deux ou trois places, où la mousse est arrachée à la hauteur de la main. Après avoir retrouvé ce qu'il cherchait, le Parisien s'est éloigné du côté de la fontaine au Prince; puis il s'est levé, puis il a fait vingt-deux pas du côté de la route de Soissons... Alors, il a reçu le coup et il est tombé.

CATHERINE.
Oh! c'est bien cela! c'est bien cela!
RAISIN.
Demain, on saura qui a tiré le coup de fusil, on retrouvera les bourres et l'on cherchera la balle.
FRANÇOIS.
Oh! il n'est pas besoin d'attendre à demain: je les rapporte, moi.
RAISIN.
Comment! vous rapportez les bourres et la balle?
FRANÇOIS.
Oui, les bourres... Elles étaient dans la direction du coup, et il a été bien facile de les retrouver; mais la balle, ah! pour la balle, il y a eu plus de besogne. La diablesse de bourse, et puis peut-être aussi la côte, l'avaient fait dévier; mais n'importe, je l'ai retrouvée dans un hêtre... La voici.
RAISIN.
Une lumière!... Vous voyez, messieurs, que les bourres sont en feutre et que la balle a une croix.
FRANÇOIS.
Pardieu! la belle merveille! puisque ce sont les bourres

de Bernard, et que, ce matin, il avait marqué ses balles d'une croix.

GUILLAUME.

Que dit-il donc, mon Dieu?

RAISIN.

Vous reconnaissez donc que le coup a été tiré avec le fusil de Bernard?

FRANÇOIS.

Certainement que je le reconnais ! c'est le fusil de M. Bernard, ce sont les bourres de M. Bernard, c'est la balle de M. Bernard ; mais cela ne prouve pas que le coup ait été tiré par M. Bernard.

MATHIEU, à part.

Oh! oh! se douterait-il de quelque chose?

FRANÇOIS.

Seulement, comme je vous l'ai dit, Bernard rageait beaucoup, il frappait du pied, il arrachait la mousse; puis, quand M. Chollet s'est éloigné, il l'a suivi, et ne s'est arrêté qu'au pied du chêne... Là, il a visé, mais tout à coup il a changé d'avis, à ce qu'il paraît... Il a fait quelques pas à reculons, puis il a jeté son fusil à terre ; le chien qui était armé et le bout du canon sont marqués dans le chemin.

MADAME VATRIN.

Oh! mon bon Seigneur Jésus, il y a miracle!

BERNARD.

Que vous ai-je dit, monsieur le maire?

GUILLAUME.

Tais-toi, Bernard ! laisse parler François. Ne vois-tu pas qu'il est sur la piste, le fin limier?

MATHIEU, à part.

Oh! oh! cela commence à se gâter!

FRANÇOIS.

Alors, un autre est venu...

RAISIN.

Quel autre?

FRANÇOIS, clignant de l'œil à Bernard.

Oh ! je ne sais pas, moi; un autre, voilà tout ce que j'ai pu voir.

MATHIEU, à part.

Je respire !

FRANÇOIS.

Mais ce que je puis dire, c'est que celui-là est venu en se traînant à quatre pattes... Il a mis un genou à terre, ce qui prouve qu'il n'est pas si fin tireur que Bernard ; puis il a fait feu... C'est alors, comme je vous l'ai dit, que M. Chollet est tombé.

RAISIN.

Mais quel intérêt le nouveau venu avait-il à tuer M. Chollet?

FRANÇOIS.

Dame, pour le voler, peut-être.

RAISIN.

Comment savait-il que M. Chollet avait de l'argent?

FRANÇOIS.

Est-ce que je ne vous ai pas dit que le Parisien devait avoir laissé tomber sa bourse devant la hutte de feuillage où la mère Tellier met rafraîchir son vin? Eh bien, l'assassin était probablement caché dans la hutte en ce moment-là ; j'y ai vu la trace d'un homme couché à plat ventre et qui avait creusé le sable avec ses mains.

GUILLAUME.

Mais on a donc volé M. Chollet?

FRANÇOIS.

On lui a pris deux cents louis, rien que cela !

GUILLAUME.

Pardon, mon pauvre Bernard ! Je ne savais pas que l'on eût volé le Parisien quand je t'ai demandé si tu étais son meurtrier...

BERNARD.

Merci, bon père !

RAISIN.

Mais enfin, le voleur?

FRANÇOIS.

Puisque je vous dis que je ne le connais pas... Seulement, en courant, de l'endroit où il a tiré le coup, à celui où M. Chollet était tombé, il a défoncé un terrier de lapins, et il s'est donné une entorse au pied gauche.

MATHIEU, à part.

Oh! le démon!

RAISIN.

Ah! par exemple, c'est trop fort! Comment peux-tu savoir qu'il s'est donné une entorse, et désigner le pied?

FRANÇOIS.

La belle malice! Pendant trente pas, c'est-à-dire jusqu'au terrier défoncé, les deux pieds sont tracés d'une façon égale; pendant tout le reste de la route, il n'y en a plus qu'un qui porte tout le poids du corps; l'autre marque à peine : c'est le gauche. Donc, il s'est donné une entorse au pied gauche, et, quand il appuie dessus, dame, ça lui fait mal.

MATHIEU, à part.

Ah!...

FRANÇOIS.

Voilà pourquoi il ne s'est pas sauvé... Non, s'il s'était sauvé, il serait à cette heure à quatre ou cinq lieues d'ici, d'autant plus qu'avec les pieds qu'il a, il doit bien marcher... Mais, au contraire, il est venu enterrer les deux cents louis à vingt pas de la route, à cent pas d'ici, entre deux gros buissons, au pied d'un bouleau... Il est reconnaissable, étant le seul de son espèce : je parle du bouleau, bien entendu.

RAISIN.

Et, de là, où est-il allé?

FRANÇOIS.

Oh! de là, il a gagné la grande route, et, sur la grande route, comme il y a des pavés, ni vu ni connu, je t'embrouille!

RAISIN.

Et l'argent?

FRANÇOIS.

Pardon, monsieur le maire, c'est de l'or, toutes pièces de vingt et de quarante francs.

RAISIN.

Cet or, vous l'avez pris et apporté, comme pièce de conviction?

FRANÇOIS.

Ouf! je m'en suis bien gardé : de l'or de voleur, cela brûle!

RAISIN.

Mais enfin...

FRANÇOIS.

Et puis je me suis dit : « Mieux vaut faire une descente sur les lieux avec la justice, et, comme le voleur ne se doute pas que je connais sa cachette, on trouvera le magot. »

MATHIEU, enjambant la fenêtre, à part.

Tu te trompes, François! on ne le trouvera pas.

(Il sort sans que personne autre que François s'aperçoive de sa sortie.)

SCÈNE XII

Les Mêmes, hors MATHIEU.

RAISIN.

Est-ce tout?

FRANÇOIS.

Ma foi, à peu près, monsieur.

RAISIN.

C'est bien! la justice appréciera votre déposition. En attendant, vous comprenez bien que, comme vous ne nommez personne, comme tout roule sur des suppositions, l'accusation continue de peser sur Bernard.

FRANÇOIS.

Ah! quant à cela, je n'ai rien à dire.

RAISIN.

En conséquence, je suis désespéré, madame Vatrin, mais Bernard doit suivre les gendarmes en prison... En route!

FRANÇOIS, barrant le chemin.

Encore un instant, monsieur le maire.

RAISIN.

Si tu n'as rien à ajouter à ce que tu as dit...

FRANÇOIS.

Non; mais c'est égal. Tenez, une supposition...

RAISIN.

Laquelle?

FRANÇOIS.

Supposez que je connaisse le coupable...

TOUS.

Ah !

FRANÇOIS.

Supposons qu'il était là tout à l'heure.

RAISIN.

Mais, alors, s'il n'y est plus, la preuve nous échappe et nous retombons dans le doute.

FRANÇOIS.

C'est cela ! Supposons que j'aie embusqué, dans le buisson de droite, Bobino, et, dans le buisson de gauche, La Jeunesse, et qu'au moment où le voleur mettra la main sur son trésor, ils mettent, eux, la main sur le voleur...

GUILLAUME, écoutant.

Qu'est-ce que cela?

FRANÇOIS.

Eh! tenez, le tour est fait! ils le tiennent... Il ne veut pas revenir, et ils le poussent.

BOBINO, du dehors.

Marcheras-tu, vagabond !

LA JEUNESSE, de même.

Allons, drôle ! ne fais pas le méchant...

SCÈNE XIII

Les Mêmes, LA JEUNESSE et BOBINO. tenant Mathieu au collet et le poussant.

TOUS.

Mathieu!...

LA JEUNESSE.

Tenez, monsieur le maire, voilà la bourse.

BOBINO.

Et voilà le voleur !... Allons causer un peu avec M. le maire, bijou !

(Il pousse Mathieu, qui fait au milieu du cercle quelques pas en boitant.)

FRANÇOIS.

Eh bien, quand je vous disais qu'il boitait de la jambe gauche... En prendrez-vous, une autre fois, de mes almanachs ?

MATHIEU.

Eh bien, oui, quoi ! c'est moi qui ai fait le coup. Je voulais seulement brouiller M. Bernard avec mademoiselle Catherine à cause du soufflet qu'il m'avait donné. Quand j'ai vu l'or, ça m'a tourné la tête. M. Bernard avait jeté son fusil, le diable m'a tenté, je l'ai ramassé, et puis voilà... Mais pas un cheveu de préméditation ! M. Chollet n'est pas mort. C'est dix ans de galère. Eh bien, on les fera !

(Catherine se jette au cou de Bernard, qui, ayant les mains liées, ne peut la serrer contre son cœur.)

L'ABBÉ.

Monsieur le maire, j'espère que vous allez ordonner qu'à l'instant Bernard soit libre ?

RAISIN.

Gendarmes, ce jeune homme est innocent ; déliez-le. (Pendant qu'on délie Bernard, désignant Mathieu.) Emmenez cet homme à la prison de Villers-Cotterets, et écrouez-le solidement.

FRANÇOIS.

Oh ! le père Sylvestre va-t-il être embêté d'être réveillé à cette heure-ci !

(On emmène Mathieu.)

SCÈNE XIV

Les Mêmes, hors MATHIEU.

CATHERINE.

Oh ! François, que ne te devons-nous pas, et comment nous acquitter envers toi !

FRANÇOIS.

Obtenez de M. Bernard qu'il me nomme son premier garçon de noce, et c'est encore moi qui lui redevrai sur le marché.

GUILLAUME, bourrant sa pipe.

C'est pour le coup que je vais en fumer une !

FIN DU TOME VINGT-ET-UNIÈME

TABLE

	Pages
LE VERROU DE LA REINE.	1
L'INVITATION A LA VALSE.	91
LES FORESTIERS.	147

F. Aureau. — Imprimerie de Lagny.

www.ingramcontent.com/pod-product-compliance
Lightning Source LLC
Chambersburg PA
CBHW050320170426
43200CB00009BA/1399